Tous nos remerciements à Monsieur ZEIL Jean-Jacques,
Proviseur du Lycée Hôtelier de METZ,
pour ses encouragements et ses précieux conseils.

100 recettes de
GIBIER

Norbert PREVOT

Chef de travaux
au Lycée Hôtelier de METZ

Photos : S.A.E.P. / J.L. Syren

EDITIONS S.A.E.P. INGERSHEIM 68000 COLMAR

Signification des symboles
accompagnant les recettes

Recettes

✗ élémentaire

✗ ✗ facile

✗ ✗ ✗ difficile

Recettes

◯ peu coûteuse

∞ raisonnable

∞◯ chère

4

Le Larousse Gastronomique nous propose la définition suivante du gibier :

"Animaux vivant à l'état de liberté, dont la chair est comestible et que l'on chasse. A l'origine, c'était la seule viande consommée par l'homme qui apprit vite à en connaître la saveur".

La liste des gibiers que l'on peut classer est assez longue et nous avons été tentés de donner une recette pour chacun d'eux. Néanmoins, nous avons fixé notre choix sur les animaux qui ne sont plus menacés de disparition. Nous devons, en effet, prendre conscience de la rareté du gibier sauvage.

L'accroissement du nombre de chasseurs, passés en 50 ans de moins de 400 000 à plus de 2 000 000, nous laisse songeurs... A cela s'ajoutent les bouleversements des structures agraires, l'abus de pesticides et d'insecticides ainsi que l'utilisation de machines agricoles ultra-rapides et gigantesques. Alors, faut-il abandonner l'espoir de déguster un salmis de faisan ou des grives grillées ? NON.

Nous savons que les dirigeants de sociétés de chasse travaillent au repeuplement du gibier de façon à préserver les plaisirs cynégétiques et gastronomiques. Et surtout, nous pouvons aujourd'hui nous procurer sans difficultés, à un prix raisonnable, un choix assez intéressant de gibier d'élevage d'excellente qualité, même s'il n'a pas les particularités du gibier sauvage dont la saveur de la chair varie d'une région à l'autre selon la nourriture.

Vous chercherez en vain des recettes qui utilisent le faisandage. Nous sommes totalement contre cette technique. Le goût du gibier n'est pas mis en valeur et les risques d'intoxication sont importants. Le faisan, cependant, nécessite une maturation de 2 à 3 jours dans un endroit frais pour que sa chair soit à point.

Nous vous conseillons d'apporter beaucoup de soins à la préparation des sauces : leur finesse permet de mettre en valeur la saveur de la viande.

Excepté quelques recettes traditionnelles, au temps de cuisson relativement long, telles que la hure de sanglier ou le civet de lièvre, les recettes de ce livre mettent en avant les types de cuissons courtes : rôtir, à la broche, sauter, griller. Vous pourrez ainsi constater que le gibier ne pose aucun problème de digestion.

Enfin et surtout, ne vous laissez pas prendre dans le carcan des recettes classiques que l'on trouve dans bon nombre d'ouvrages culinaires. Les recettes que nous vous proposons sont des guides qui vous permettront de bien maîtriser les techniques de base et de laisser libre court à votre créativité.

Le gibier a de tous temps excité l'imagination des cuisiniers et des cuisinières. Puisse ce livre éveiller en vous l'Archestrate qui sommeille !

Préparation de la volaille

Ces différentes opérations doivent s'effectuer dans un endroit frais et à l'abri des courants d'air.

PLUMER

1 - Tendre la peau d'une main. Arracher 2 ou 3 plumes à la fois.

2 - Plumer le corps de l'animal, continuer par les pattes,

3 - les ailes, puis finir par le cou.

FLAMBER

1 - Flamber les petites plumes restantes au-dessus du fourneau ou d'un réchaud à gaz.

2 - Enlever les résidus.

VIDER

1 - Entailler le cou sur la longueur. Dégager le cou, le couper.

2 - Il doit rester un morceau de peau à rabattre.

3 - Tendre la peau. Couper le tour du croupion. Vider la volaille.

BRIDER

1 - Couper les ailerons.

2 - Ne garder que le doigt du milieu. Couper le bout.

3 - Piquer dans la peau de l'aile, traverser la volaille de part en part en tendant la peau.

4 - Faire de même au niveau des cuisses. Nouer le fil.

5 - Piquer sous les pattes,

6 - repasser au-dessus, nouer le fil en serrant.

BARDER

1 - Entourer la volaille de bardes de lard.

2 - Les maintenir en place par quelques tours de ficelle.

Pâté d'alouettes

Prép. : 2 h. - Marinade : 4 à 5 h. - Cuiss. : 1 h. 15 min.

XXX ∞∞

Pour 12 personnes

Ingrédients :
800 g. de pâte à pâté
(p. 117).

Farce A :
6 alouettes
250 g. de lard frais
100 g. de champignons
de Paris
1 dl. de porto
1 cl. de cognac
100 g. de foies de volaille
200 g. de foie gras
mariné au porto
30 g. d'échalotes
Thym
1 feuille de laurier
Poivre
8 g. de sel
50 g. de truffes.

Préparer les alouettes et la farce A :

Plumer, flamber, désosser les alouettes par le dos et les faire mariner dans 1 dl. de porto pendant plusieurs heures.

Réserver les intestins.

Faire revenir sans coloration 250 g. de lard frais coupé en cubes.

Ajouter les échalotes ciselées, les intérieurs nettoyés, les foies de volaille coupés en dés, les champignons hachés fin, thym, laurier, et laisser cuire jusqu'à évaporation complète de l'eau des champignons. Saler, poivrer.

Passer à la grille fine du hachoir, ajouter 1 cl. de cognac et passer au tamis. Etaler cette farce sur chaque alouette. Malaxer légèrement le foie gras à la main, le couper en 12 morceaux et en placer un sur chaque alouette.

Tailler 6 morceaux de truffe et couper les parures en petits dés.

Poser les morceaux de truffe sur le foie gras, couvrir avec le reste de farce et reformer les alouettes.

Farce B :
600 g. de lard frais
300 g. de chair de porc
2 œufs
300 g. de chair de
volaille
1,5 dl. de madère
12 g. de sel
Poivre.

Finition :
1 œuf
5 dl. de gelée au porto
(p. 117).

Préparer la farce B :

Couper la chair de porc, de volaille et le lard frais en lanières. Passer chaque élément au hachoir. Ajouter le porto de la marinade, le madère et 2 œufs. Passer au tamis et additionner la truffe coupée en dés.

Graisser un moule, le foncer avec la pâte, mettre une couche de farce, y déposer les alouettes, remplir les vides et les couvrir avec le reste de la farce, égaliser.

Rabattre les bords de la pâte, mettre un couvercle, faire trois cheminées.

Mettre à cuire dans un four à 220° pendant 10 minutes et terminer la cuisson à 180° pendant 1 heure 5 minutes environ.

Laisser refroidir et couler la gelée au porto.

XXX ⊙⊙⊙

Alouettes en cocotte aux truffes

Pour 4 personnes

Prép. : 2 h. - Cuiss. : 15 min.

Ingrédients :
Préparation des
alouettes :
8 alouettes
100 g. de foie gras
mariné au porto
50 g. de truffes
100 g. de foies de volaille
30 g. d'échalotes
100 g. de lard frais
100 g. de champignons
Thym, laurier
Poivre
8 g. de sel
5 dl. de fumet de gibier
(p. 117).

Préparation des
truffes :
4 truffes de 50 g.
30 g. de beurre
40 g. de carottes
40 g. d'oignon
6 g. de queues de persil
4 dl. de champagne.

Préparation des alouettes :
Procéder comme il est indiqué pour les alouettes et la farce A du pâté d'alouettes.

Préparation des truffes :
Eplucher, laver, tailler la carotte et l'oignon en fine brunoise et faire suer celle-ci au beurre.
Laver, brosser les truffes et les ajouter à la brunoise.
Mouiller avec le champagne et laisser cuire à couvert pendant 35 minutes environ.

Cuisson des alouettes :
Faire revenir les alouettes au beurre clarifié. Déglacer au porto et mouiller avec le fumet de gibier.
Fermer la cocotte et laisser cuire pendant 15 minutes. Retirer les alouettes, faire réduire le fond de cuisson et vérifier l'assaisonnement.

Dressage des alouettes :
Dresser les alouettes sur assiette. Napper de sauce. Garnir avec des lamelles de truffes et des petites barquettes aux pommes.

Bécasses à la broche et aux rôties

Pour 4 personnes

Prép. : 30 min. - Cuiss. : 20 min.

Ingrédients :
2 bécasses bien grasses
50 g. de beurre
5 cl. de consommé de volaille
1 cl. d' armagnac
4 g. de sel
1 g. de poivre
1 pointe de cayenne
100 g. de barde fine de lard
4 tranches épaisses de pain boulot.

Plumer, flamber et barder les bécasses non vidées.

Les embrocher et les mettre à cuire pendant 5 minutes.

Dégraisser la lèchefrite, verser le consommé de volaille et ajouter les tranches de pain.

Laisser cuire encore pendant 15 minutes en arrosant fréquemment.

Au terme de la cuisson, retirer les intérieurs, jeter le gésier et les parties fermes. Assaisonner le reste de sel, poivre et muscade.

Flamber à l'armagnac.

Tartiner les rôties avec l'appareil ci-dessus.

Dressage des bécasses :

Lever les suprêmes et les cuisses, les disposer sur chaque rôtie et servir aussitôt.

Accompagner les bécasses de pommes Anna servies à part.

Bécassines au nid

Pour 8 personnes

Prép. : 45 min. - Cuiss. : 15 min.

Ingrédients :
*8 petites bécassines dites
"sourdes"
100 g. de barde de lard
fine
100 g. de foie gras
mariné au porto
50 g. de truffes
100 g. de foies de volaille
30 g. d'échalotes
100 g. de champignons
Thym, laurier
8 g. de sel
1 l. de fumet de gibier
(p. 117)
50 g. d'oignon
5 cl. d'huile
1 cl. d'armagnac
1 dl. de porto
1 bouquet garni
1 gousse d'ail
5 baies de genièvre
200 g. de beurre
4 œufs
Poivre, muscade
300 g. de carottes
250 g. de navets
250 g. de céleri-rave
1 kg. de pommes de terre
100 g. de lard frais.*

Préparation des bécassines :

Procéder comme il est indiqué pour les alouettes et la farce A du pâté d'alouettes. Envelopper chaque bécassine dans de la barde fine.

Préparer les légumes :

Eplucher, laver et tailler en julienne les carottes (250 g.), les navets et le céleri. Faire suer ces légumes au beurre. Assaisonner et finir la cuisson en ajoutant un peu d'eau.

Eplucher et laver les pommes de terre. Lever les pommes noisettes avec une cuillère à légumes, les blanchir puis les égoutter sans les rafraîchir. Cuire le reste des pommes de terre à l'eau. Les égoutter après la cuisson et les passer au moulin à légumes. Ajouter 100 g. de beurre et 4 jaunes d'œufs. Assaisonner avec sel, poivre blanc et noix de muscade.

Préparation de la sauce :

Concasser les os des bécassines, les faire revenir à l'huile, ajouter 50 g. de carotte et 50 g. d'oignons émincés, flamber à l'armagnac, déglacer au porto et mouiller avec le fumet de gibier. Laisser cuire pendant 1 heure après avoir ajouté le bouquet garni, l'ail écrasé et les baies de genièvre.

Faire revenir les bécassines avec 50 g. de beurre dans une cocotte. Cuire ensuite à couvert pendant environ 12 minutes.

Dressage :

Sur assiette avec fond de pommes duchesse en forme de nid passé au four. Garnir avec la julienne de légumes et les pommes noisette cuites au four pendant 10 minutes dans un mélange huile-beurre. Poser la bécassine dans son nid. Napper de sauce et servir aussitôt.

Suprêmes de bécasse sautés et ses quenelles

XX ∞

Pour 8 personnes

Ingrédients :
4 bécasses bien grasses
100 g. de foie gras d'oie
mariné au porto
1 œuf entier
2 dl. de crème
5 cl. d'huile
50 g. de carottes
50 g. d'oignons
1 bouquet garni
1 gousse d'ail
5 baies de genièvre
1 cl. d'armagnac
1 dl. de porto
1 l. de fond de volaille
(p. 116)
60 g. de beurre.

Prép. : 45 min. - Cuiss. : 8 min.

Plumer et flamber les bécasses. Lever les suprêmes et désosser le reste. Concasser les os, les faire revenir à l'huile, ajouter la carotte et l'oignon émincés, flamber à l'armagnac, déglacer au porto puis mouiller avec le fond de volaille. Laisser cuire pendant 1 heure après avoir ajouté le bouquet garni, l'ail écrasé et les baies de genièvre.

Passer au chinois et faire réduire pour obtenir 5 dl. environ.

Passer la chair des bécasses au hachoir, ajouter le foie gras mariné au porto, l'œuf, saler, poivrer et passer au tamis. Bien mélanger la farce dans un récipient posé sur un lit de glace et incorporer 2 dl. de crème.

Lever les quenelles à la cuillère et les faire cuire dans le fond de cuisson. Les retirer et les garder au chaud. Faire réduire le fond pour obtenir 3 dl. environ.

Assaisonner les suprêmes et les faire sauter au beurre.

Dressage :
Garnir chaque assiette avec 3 quenelles et 2 courgettes farcies au flan de champignons.

Suprêmes de caille aux trois salades

✕○

Pour 8 personnes

Ingrédients :
16 cailles
60 g. de beurre
5 cl. d'huile
1 cl. de vinaigre
Moutarde
Sel, poivre
1 trévise
1/2 frisée
1/2 feuille de chêne.

Prép. : 15 min. - Cuiss. : 5 min.

Eplucher les salades.

Lever les ailes des cailles, les assaisonner et les faire sauter au beurre.

Assaisonner les salades avec de la vinaigrette à la moutarde et les dresser harmonieusement sur assiette. Disposer 4 suprêmes de volaille par assiette.

Boudins de caille aux herbes

✕✕○

Pour 8 personnes

Ingrédients :
8 cailles
200 g. de blanc de poulet
100 g. de chair de porc
200 g. de lard gras
50 g. de carottes
50 g. d'oignons
50 g. de beurre
1 bouquet garni
Sel, poivre
2 œufs
Persil, cerfeuil, estragon, ciboulette
1 l. de fumet de gibier (p. 117)
2 dl. de crème
30 g. de farine
50 g. de chapelure.

Prép. : 1 h. - Cuiss. : 10 min.

Lever les filets de caille.

Désosser et dénerver les cuisses.

Hacher finement le cerfeuil, l'estragon et le persil.

Faire revenir les os de caille dans 4 cl. d'huile. Ajouter les carottes et les oignons émincés. Mouiller avec le fumet de gibier. Mettre un bouquet garni et laisser cuire pendant 1 heure. Passer le fond au chinois puis le faire réduire à 4 dl.

Faire sauter les filets de caille à l'huile, les réserver.

Passer le blanc de poulet, la chair des cuisses et le lard gras au hachoir. Ajouter l'œuf et la crème. Assaisonner.

Mettre cette farce dans des caisses à boudins, parsemer de fines herbes, poser dessus les ailes des cailles sautées. Parsemer à nouveau de fines herbes, recouvrir de farce et mettre à cuire à l'eau bouillante pendant 4 minutes.

Egoutter les boudins, les éponger, les passer à l'anglaise et les mettre à cuire au beurre clarifié.

Dressage :
Escaloper les boudins et les dresser en turban sur une assiette. Napper de sauce. Décorer avec les herbes restantes.

Nota : On peut aussi mélanger simplement la farce, garnir un intestin grêle de porc et cuire comme indiqué ci-dessus.

Cailles au raisin

✕✕ ∞

Pour 4 personnes

Prép. : 1 h. - Cuiss. : 20 min.

Ingrédients :
4 grosses cailles
100 g. de lard gras frais
200 g. de foies de volaille
30 g. d'échalotes ciselées
15 g. de champignons
Thym, laurier
Sel, poivre
2 têtes d'ail
5 dl. de fond de volaille
(p. 116)
50 g. de carottes
50 g. d'oignons
50 g. de beurre
1 kg. de raisin.

Plumer, flamber et vider les cailles. Les désosser en prenant soin de ne détacher ni la tête (sans les yeux), ni les pattes.

Eplucher le raisin.

Couper le lard gras en petits dés, le mettre à chauffer avec les échalotes et les champignons hachés. Ajouter et faire raidir les foies de volaille.

Farcir les cailles avec de la farce et des grains de raisin. Reformer les cailles en les enveloppant dans du papier aluminium.

Mettre à cuire 15 minutes dans un four chaud. Enlever le papier et finir de cuire pendant 5 minutes dans le fond de cuisson (celui-ci ne doit pas dépasser le tiers de la hauteur des cailles).

Retirer les cailles, les tenir au chaud. Ajouter le reste du raisin épluché, le porto et un trait de verjus. Mixer le raisin et passer la sauce au chinois sur les cailles.

Dressage :

Au centre d'une assiette avec les grains de raisin. Napper de sauce. Servir avec des bouquets de légumes.

1 - Couper le dos à l'aide d'une paire de ciseaux.

2 - Ouvrir. Vider l'intérieur.

3 - Décoller les os sans trouer la peau.

Cailles aux gousses d'ail

✗✗ ◯◯

Pour 4 personnes

Ingrédients :
4 grosses cailles
100 g. de lard gras frais
200 g. de foies de volaille
30 g. d'échalotes ciselées
15 g. de champignons
Thym, laurier
Sel, poivre
2 têtes d'ail
3 dl. de lait
5 dl. de fumet de gibier
(p. 117)
50 g. de beurre.

Prép. : 1 h. - Cuiss. : 20 min.

Plumer, flamber et vider les cailles. Les désosser par le dos en prenant soin de ne détacher ni la tête (sans les yeux), ni les pattes.

Couper le lard gras en petits dés, le mettre à chauffer avec les échalotes et les champignons hachés. Ajouter et faire raidir les foies de volaille qui doivent rester saignants. Passer au tamis et réserver au frais.

Eplucher l'ail, couper les gousses en deux, enlever le germe et les mettre à cuire dans le lait.

Etaler la farce sur chaque caille. Ajouter 2 gousses d'ail et reformer les cailles en les enveloppant dans du papier aluminium.

Mettre à cuire dans un four chaud pendant 15 minutes. Enlever le papier et terminer la cuisson au four avec un peu de beurre clarifié.

1 - Etaler la farce sur la caille. Poser les gousses d'ail.

2 - Reformer la caille en l'enveloppant dans du papier aluminium.

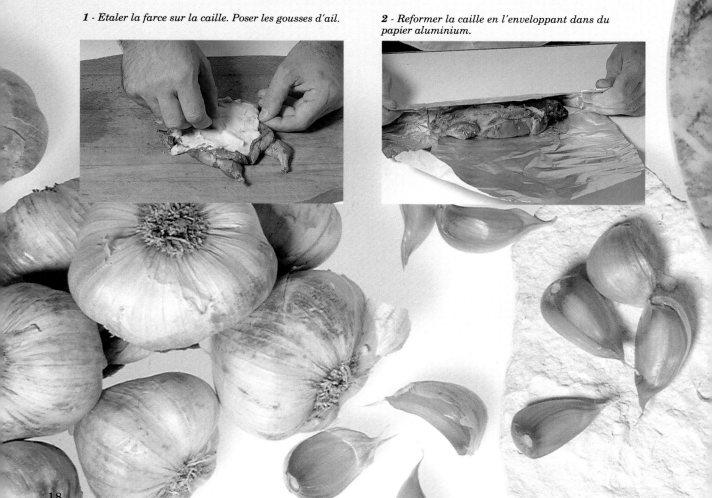

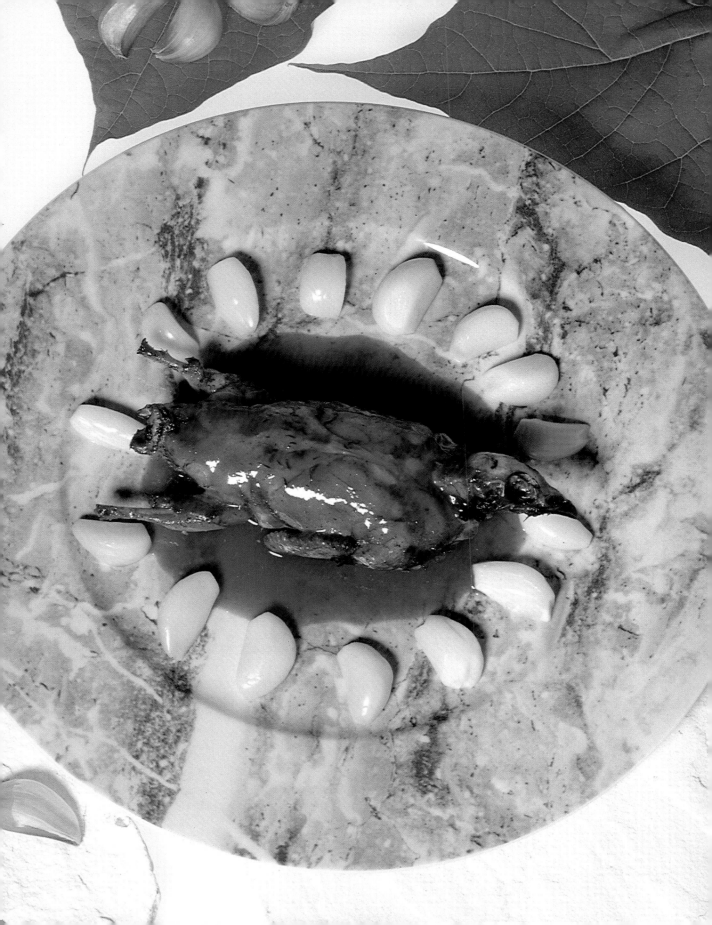

Cailles aux griottes

Pour 4 personnes

Ingrédients :
4 grosses cailles
400 g. de griottes
dénoyautées
1 cl. de cognac
5 dl. de fumet de gibier
(p. 117)
80 g. de beurre
Sel, poivre.

Prép. : 30 min. - Cuiss. : 20 min.

Plumer, flamber et vider les cailles. Les assaisonner et les faire revenir au beurre dans un sautoir. Mettre à cuire au four pendant 15 minutes.

Déglacer au cognac flambé, ajouter les griottes, le fumet de gibier et terminer la cuisson 5 minutes plus tard.

Sortir les cailles du sautoir. Faire réduire le fond de cuisson. Vérifier l'assaisonnement.

Dressage :
Sur assiette avec les cerises autour des cailles.

Dresser sur le bord de l'assiette une couronne faite de petits gnocchi et de tomates cerise.

Cailles en vessie

Pour 8 personnes

Ingrédients :
8 cailles
100 g. de lard gras frais
200 g. de foies de volaille
30g. d'échalotes ciselées
15 g. de champignons
Thym, laurier
Sel, poivre
1 morceau de menu
(intestin grêle du porc)
100 g. de foie gras
50 g. de carottes
50 g. d'oignons
3 dl. de porto
2 cl. d'huile
1 l. de fumet de gibier
(p. 117).

Prép. : 1 h. - Cuiss. : 15 min.

Plumer, flamber et vider les cailles.

Désosser les cailles par le dos.

Faire revenir les os à l'huile, ajouter les carottes et les oignons émincés. Déglacer avec 2 dl. de porto, mouiller avec le fumet de gibier et laisser cuire pendant 1 heure.

Couper le lard en petits dés, les mettre à chauffer avec les échalotes et les champignons hachés. Ajouter et faire raidir les foies de volaille qui doivent rester saignants. Passer au tamis.

Etaler la farce sur les cailles, déposer un morceau de foie gras, recouvrir de farce, reformer les cailles et les enfoncer dans le menu. Ficeler aux deux bouts. Envelopper dans une mousseline et mettre à pocher dans le fond préalablement préparé pendant 15 minutes.

Retirer les cailles. Enlever la mousseline. Faire réduire le fond de cuisson auquel on aura ajouté le reste du porto.

Dressage :
Sur assiette avec autour des tartelettes à la crème d'ail et des girolles. Fond de cuisson en saucière.

Cailles farcies

Pour 4 personnes

Prép. : 30 min. - Cuiss. : 30 min.

Ingrédients :
4 belles cailles
75 g. de beurre
1 verre à liqueur de
cognac
100 g. de mie de pain
1 verre de lait
150 g. de jambon blanc
1 petite boîte de mousse
de foie
Sel, poivre
2 dl. de fond brun lié
50 g. de crème.

Emincer le jambon. Le passer rapidement à la poêle. Réserver.

Tremper la mie de pain dans le lait. L'essorer. La mélanger avec la mousse de foie. Ajouter le jambon.

Vider, flamber et désosser les cailles. Les farcir, les brider et les assaisonner. Les faire dorer au beurre puis les cuire à petit feu environ 35 minutes.

Réserver les cailles au chaud, déglacer au cognac, ajouter le fond puis la crème. Rectifier. Dresser escalopées sur assiettes, accompagnées de pommes duchesse.

Cailles grillées à l'ananas

Pour 6 personnes

Prép. : 25 min. - Cuiss. : 6 à 8 min.

Ingrédients :
6 cailles
5 cl. d'huile
100 g. de beurre
1 ananas
200 g. de chapelure
blanche
100 g. de farine
2 œufs
Sel fin, poivre du
moulin.

Peler l'ananas à vif, couper 12 belles tranches, enlever le centre.

Passer les tranches à l'anglaise (farine, œuf, chapelure) et les cuire doucement au beurre. La couleur doit être brun clair.

Plumer, flamber et fendre les cailles par le dos. Enlever les entrailles, retirer la majeure partie des petits os de l'intérieur. Assaisonner de sel fin et de poivre du moulin. Badigeonner le beurre fondu et faire griller à feu doux.

Dresser sur assiettes et garnir avec les tranches d'ananas. Servir avec une sauce diable.

Salmis de cailles aux artichauts

XX OO

Pour 6 personnes

Ingrédients :
16 cailles
100 g. de beurre
8 artichauts
1 œuf
1 dl. de crème
30 g. de carotte
30 g. d'oignon
5 cl. d'huile
1 l. de fond de veau
(p. 116)
1 bouquet garni
20 g. de truffe.

Prép. : 30 min. -
Cuiss. cailles : 3 à 4 min. Cuiss. flans d'artichaut : 30 min.

Plumer, flamber et vider les cailles. Lever les ailes et les cuisses et les réserver au frais.

Faire revenir les carcasses des cailles à l'huile, ajouter les carottes et les oignons émincés. Laisser suer pendant quelques minutes, mouiller avec le fond de veau. Cuire pendant 1 heure après avoir ajouté le bouquet garni. Passer au chinois et faire réduire pour obtenir 2 à 3 dl. de sauce.

Tourner les fonds d'artichaut et les cuire dans un blanc. Les tailler à l'emporte-pièce rond, les couper en deux dans le sens de l'épaisseur pour obtenir 16 rondelles. Passer les parures au mixer, ajouter 1 œuf et 1 dl. de crème. Saler, poivrer.

Beurrer 4 moules ronds de la même taille que les rondelles d'artichaut.

Poser une rondelle dans chaque moule, couvrir d'un peu de mousse d'artichaut puis alterner rondelles et mousse. Cuire au four (150°) au bain-marie pendant 30 minutes environ.

Sauter les ailes de caille au beurre pendant 3 à 4 minutes. Dégraisser, ajouter la sauce et la truffe hachée. Tenir au chaud sans faire bouillir.

Dressage : démouler les flans d'artichaut au centre des assiettes. Disposer les ailes de caille autour. Servir aussitôt.

Nota : Les cuisses sont réservées pour réaliser d'autres recettes.

Salade tiède au magret de canard

Pour 4 personnes

Prép. : 15 min. - Cuiss. : 20 min.

Ingrédients :
2 magrets de canard
1 cuil. à soupe d'huile
300 g. de mesclun
50 g. de framboises
*100 g. de haricots
mange-tout*
5 cl. d'armagnac
*5 cl. de vinaigre de
framboise.*

Laver et égoutter le mesclun. Cuire les haricots 3 minutes à l'eau bouillante salée. Les refroidir aussitôt, les égoutter et les réserver.

Tailler les magrets en bâtonnets puis les saisir dans l'huile chaude pendant 2 à 3 minutes. Assaisonner. Débarrasser au chaud. Déglacer la poêle à l'armagnac, ajouter le vinaigre, laisser bouillir quelques instants.

Dresser le mesclun sur les assiettes. Ajouter les haricots, les magrets et quelques framboises. Assaisonner avec le vinaigre chaud. Servir aussitôt.

Tourte au canard

Pour 6 personnes

Prép. : 30 min. - Marinade : 24 h. - Cuiss. : 1 h. 30 min.

Ingrédients :
1 canard colvert
600 g. de collet de porc
200 g. de lard
200 g. de foie de volaille
5 cl. d'huile
1/4 l. de gelée (p. 117)
250 g. de pâte feuilletée.
Marinade :
75 cl. de vin blanc
1 verre de cognac
Thym
Laurier
Quelques grains de poivre
1 cuil. à café de quatre épices
1 oignon.

Plumer, vider et flamber le canard. Le désosser, le couper en morceaux réguliers et les mettre dans la marinade avec les viandes coupées en gros dés.

Après 24 heures, faire revenir les viandes égouttées puis les hacher.

Foncer une tourtière. Disposer alternativement une couche de hachis et les morceaux de canard. Couvrir d'une abaisse de pâte. Faire une cheminée. Dorer à l'œuf. Cuire au four, th. 6 (180° C) pendant 1 heure 30 minutes.

Laisser refroidir. Couler la gelée par la cheminée.

Terrine de foies de canard sauvage

Pour 10 personnes

Prép. : 30 min. - Marinade : 5 à 6 h. - Cuiss. : 1 h. 15 min.

Ingrédients :
600 g. de foies de canard
300 g. de foie de veau
300 g. d'échine de porc
300 g. de lard gras
5 cl. de cognac
1,5 dl. de porto
15 g. de sel fin
3 g. de poivre blanc
Muscade
2 œufs
50 g. d'échalotes ciselées
1 g. de thym
1,5 g. de laurier
50 g. de pistaches
hachées.

Nettoyer les foies.

Couper le porc et le lard gras en lanières et mettre le tout à mariner au frais pendant 5 à 6 heures avec le porto, le cognac, les échalotes ciselées, un peu de thym et 1/2 feuille de laurier.

Prélever 150 g. de foie de canard. Les éponger et les faire revenir à l'huile chaude. Débarrasser sur une assiette.

Passer les viandes et les foies deux fois au hachoir fin, le lard gras une fois. Travailler la farce dans un récipient posé sur un lit de glace et incorporer petit à petit les 2 œufs entiers. Passer au tamis. Ajouter les pistaches. Assaisonner avec 15 g. de sel fin, 3 g. de poivre blanc, une pincée de noix de muscade en poudre. Garder au frais.

Prendre une barde de la longueur du moule, étaler de la farce dessus, disposer au centre, bout à bout, les foies rissolés. Couvrir d'un peu de farce et former un rouleau en refermant la barde.

Tapisser une terrine de barde, étaler la farce à l'intérieur jusqu'à mi-hauteur en pratiquant une cavité. Disposer le rouleau de foie dans celle-ci puis recouvrir avec le reste de la farce.

Couvrir d'une barde, déposer dessus une feuille de laurier et un peu de thym. Mettre un couvercle et cuire au four (150°) pendant 1 heure 15 minutes.

Laisser refroidir sous presse.

Terrine de colvert au poivre

Pour 8 personnes

Ingrédients :
1 beau canard
200 g. de lard frais
200 g. de foies de volaille
200 g. de chair à saucisse
1 dl. de cognac
1 petite boîte de poivre
vert
1 œuf
1 échalote
Sel
Muscade
Bardes
1/3 l. de gelée (p. 117).

Prép. : 30 min. - Marinade : 24 h. - Cuiss. : 1 h. 30 min.

Plumer, vider, flamber et désosser le canard. Lever les filets. Les faire mariner 24 heures avec une partie du cognac.

Hacher le reste de chair de canard, le lard, le foie et l'échalote. Ajouter la chair à saucisse, le poivre vert, l'œuf, la muscade et le reste de cognac. Travailler l'ensemble. Rectifier l'assaisonnement.

Tapisser la terrine avec les bardes. Verser la moitié de la farce, poser les filets, ajouter l'autre moitié et recouvrir de bardes. Couvrir. Cuire à four chaud (200° C - Th. 7) pendant 1 heure 30 minutes.

Laisser refroidir. Couler la gelée.

Aiguillettes de canard aux pêches

XX ∞

Pour 4 personnes

Prép. : 45 min. - Cuiss. : 8 min.

Ingrédients :
4 filets de canard colvert
1/2 l. de fond de gibier
(p. 117)
6 pêches
100 g. de sucre
5 cl. de sauternes
5 cl. de pêcher mignon
5 cl. d'huile
Sel
Poivre du moulin.

Eplucher les pêches, les couper en deux, enlever le noyau et les pocher pendant 5 minutes dans 1/2 l. d'eau additionnée de 100 g. de sucre.

Inciser la peau des filets de canard et les faire sauter avec 5 cl. d'huile.

Les garder rosés et les réserver au chaud.

Dégraisser le plat de cuisson, faire caraméliser les sucs, déglacer avec le sauternes et le pêcher mignon, mouiller avec le fond de gibier, ajouter 1 dl. du jus de cuisson des pêches. Laisser réduire de 1/3, ajouter 2 pêches dénoyautées et passer le tout au mixer.

Enlever la peau des filets et les tailler en aiguillettes.

Verser la sauce dans le fond de quatre assiettes, disposer les aiguillettes dessus en couronne et mettre les quartiers de pêche au centre.

Servir aussitôt.

1 - Lever les filets. Les décoller.   *2 - Les parer en décollant les nerfs et la graisse.*

Canard à l'orange

Pour 4 personnes

Ingrédients :
1 canard colvert
1/2 l. de fond de gibier
(p. 117)
1 dl. d'huile
5 cl. de curaçao
40 g. de sucre semoule
5 cl. de vinaigre de vin
vieux
1 kg. d'oranges
Sel
Poivre du moulin.

Prép. : 45 min. - Cuiss. : 55 min.

Plumer, flamber, vider et brider le canard puis le braiser comme le canard aux navets (p. 34).

Zester une orange à l'aide d'un couteau économe, tailler les zestes en fine julienne et les blanchir 5 minutes à l'eau bouillante. Egoutter, réserver. Préparer une gastrique en faisant réduire 40 g. de sucre semoule et 5 cl. de vinaigre de vin vieux jusqu'à légère caramélisation.

Retirer le canard après cuisson et le garder au chaud.

Ajouter le fond de gibier à la gastrique, aromatiser de curaçao et laisser cuire doucement pendant 15 minutes. Ajouter les zestes d'orange. Peler 3 oranges à vif et prélever les segments. Réserver.

Canneler, couper en deux et émincer une orange. Réserver.

Historier 2 oranges. Réserver.

Dresser le canard sur un plat long et le décorer avec les oranges cannelées et les segments pelés à vif.

Ce plat est généralement accompagné de pommes de terre cuites à la friture.

1 - Canneler l'orange de façon régulière.

2 - Historier en coupant en dents de scie.

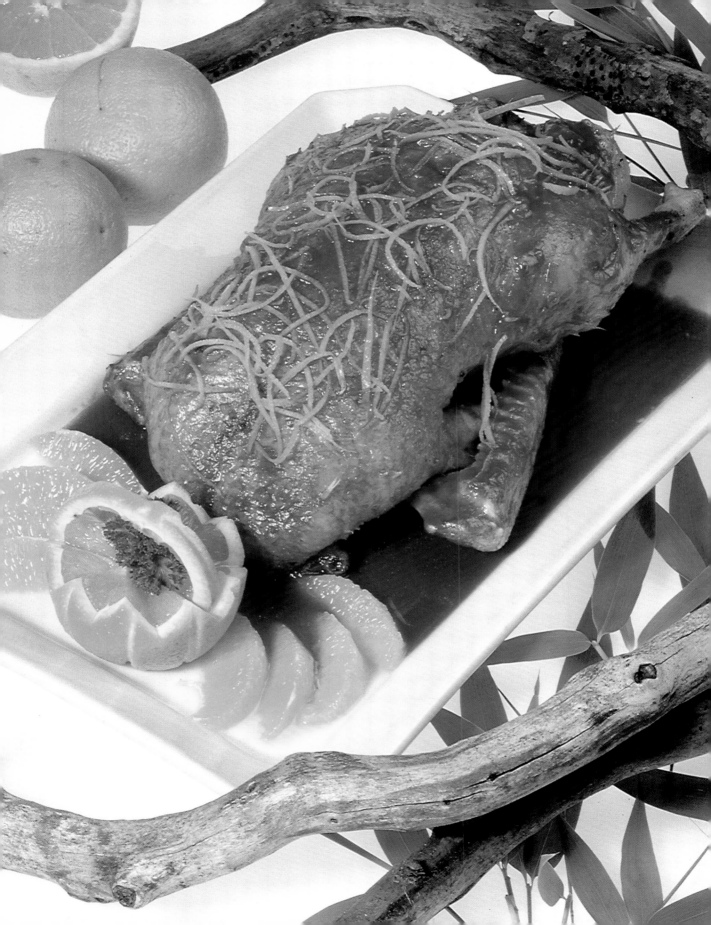

Canard sauvage aux cerises

✕○

Pour 4 personnes

Ingrédients :
1 canard colvert
1/2 l. de fond de gibier
(p. 117)
1 dl. d'huile
300 g. de griottes
dénoyautées
1 dl. de vin blanc
1 dl. de madère
5 cl. de cherry-brandy
Sel
Poivre du moulin.

Prép. : 30 min. - Cuiss. : 55 min.

Plumer, flamber, vider et brider le canard puis le braiser comme le canard aux navets. Ajouter simplement les griottes 5 minutes avant la fin de la cuisson.

Prélever 200 g. de griottes pour la garniture.

Passer le reste au mixer avec la sauce et ajouter le cherry-brandy.

Dresser la canard débridé sur un plat et garnir avec les griottes.

Canard sauvage aux navets

✕○

Pour 4 personnes

Ingrédients :
1 canard colvert
1/2 l. de fond de gibier
(p. 117)
1,5 kg. de navets
100 g. de petits oignons
1 dl. d'huile
1 dl. de madère
1 dl. de vin blanc
Sel fin
Poivre du moulin
Sucre semoule.

Prép. : 1 h. - Cuiss. : 55 min. environ

Plumer, flamber, vider et brider le canard.

L'assaisonner et le mettre dans un plat à rôtir avec le cou et les ailerons concassés en menus morceaux.

Enfourner dans un four chaud (200° C) après l'avoir arrosé d'huile.

Cuire pendant 30 minutes en le retournant 2 à 3 fois et en l'arrosant fréquemment.

Eplucher les petits oignons et les glacer à brun en les cuisant à moitié.

Eplucher les navets, les tourner et les glacer en les cuisant à moitié.

Retirer le canard, caraméliser les sucs au fond du plat à rôtir, dégraisser, déglacer au vin blanc, laisser réduire, mouiller au fond de gibier, parfumer au madère et passer au chinois.

Mettre le canard dans la sauce, ajouter les petits oignons et les navets. Arroser fréquemment. Poursuivre la cuisson 25 minutes.

Débrider le canard et le dresser avec la garniture autour.

Canard sauvage aux olives

Pour 4 personnes

Ingrédients :
1 canard colvert
1/2 l. de fond de gibier
(p. 117)
1 dl. d'huile
1 dl. de madère
1 dl. de vin blanc
250 g. d'olives vertes
Sel
Poivre du moulin.

Prép. : 1 h. - Cuiss. : 55 min. environ

Plumer, flamber, vider et brider le canard puis le braiser comme le canard aux navets (p. 34). Ajouter simplement les olives 5 minutes avant la fin de la cuisson. Les olives auront été au préalable dénoyautées et blanchies pendant 8 minutes.

Dresser le canard sur un plat et garnir avec les olives.

✗○

Canard sauvage
aux petits pois

Pour 4 personnes

Prép. : 30 min. - Cuiss. : 55 min.

Ingrédients :
1 canard
600 g. de petits pois
écossés
100 g. de feuilles de laitue
150 g. de petits oignons
4 dl. de fond de veau lié
(p. 116)
5 cl. de vin blanc
5 cl. de madère
Sel fin, poivre du
moulin
Sucre semoule.

Plumer, flamber, vider et brider le canard puis le braiser comme le canard aux navets (p. 34) avec les petits oignons.

Tailler, blanchir et sauter les lardons.

Tailler la chiffonade de laitue.

Cuire à couvert les petits pois avec la chiffonade de laitue, 50 g. de beurre, 1 dl. d'eau, le sel et le sucre.

Au terme de la cuisson, dresser le canard débridé en mettant la garniture autour.

Canard sauvage aux pommes

Pour 4 personnes

Ingrédients :
1 canard colvert
1/2 l. de fond de gibier
(p. 117)
4 belles pommes de
reinette
1 dl. d'huile
100 g. d'oignons
2 dl. de sauternes
1/2 citron
50 g. de beurre
Sel fin
Poivre du moulin.

Prép. : 30 min. - Cuiss. : 30 min. environ

Plumer, flamber, vider et brider le canard.

Le faire revenir à l'huile dans une Cocotte-Minute, ajouter les oignons émincés, déglacer au sauternes et mouiller au fond de bibier.

Eplucher 2 pommes de reinette, les couper en quartiers, les ajouter au canard, saler, poivrer, fermer la cocotte et cuire pendant 30 minutes.

Couper une pomme en ailes de pigeon. Citronner et mettre au four avec une noix de beurre.

Eplucher la dernière pomme et lever des boules à l'aide d'une cuillère à pomme parisienne. Les cuire à l'eau.

Au terme de la cuisson, retirer le canard et passer la sauce au mixer.

Découper le canard en quatre, mettre les morceaux dans la sauce et laisser mijoter pendant 5 minutes.

Dresser un morceau de canard escalopé par assiette, napper de sauce et décorer avec les pommes en ailes de pigeon et les boules de pomme. On peut accompagner ce plat avec une aumônière aux pommes ou des gnocchi à la romaine.

Gigot de canard aux raisins

Pour 4 personnes

Prép. : 45 min. - Cuiss. : 30 min.

Ingrédients :
4 cuisses de canard colvert
1/2 l. de fond de gibier
(p. 117)
600 g. de raisin muscat
blanc
5 cl. de vin de muscat
1 cl. de cognac
5 cl. d'huile
160 g. de farce de gibier
(p. 40)
1/2 citron
60 g. de crépine de porc
Sel
Poivre du moulin.

Monder le raisin, le refroidir et l'arroser avec le jus d'1/2 citron et le vin de muscat.

Désosser les cuisses de canard et farcir chacune de 2 grains de raisin et 40 g. de farce de gibier. Envelopper chaque cuisse dans un crépine de porc.

Faire sauter les cuisses de canard à l'huile, dégraisser, flamber au cognac, déglacer au vin de muscat, mouiller avec le fond de gibier et cuire à couvert pendant 30 minutes.

Retirer les gigots, les réserver.

Ajouter 200 g. de raisin à la sauce et monter le tout au mixer.

Chauffer le raisin.

Escaloper les gigots.

Disposer 1 gigot escalopé par assiette, napper de sauce et garnir avec le raisin.

Servir aussitôt.

Côtelettes de chevreuil Diane

XX ⚭⚭⚭

Pour 6 personnes

Ingrédients :
1,2 kg. de côtelettes de chevreuil
5 cl. d'huile
100 g. de beurre
100 g. de carottes
100 g. d'oignons
1 kg. d'os et parures de gibier
1 dl. de vinaigre
2 dl. de vin blanc
2 l. de fond de veau (p. 116)
2 dl. de crème
50 g. de confiture d'airelles
20 g. de truffes et 1/4 de blanc d'œuf cuit dur.
Farce :
100 g. de chair de chevreuil
100 g. d'échine de porc
100 g. de lard gras
10 g. de sel fin
3 g. de poivre blanc moulu
1 œuf et 1 dl. de crème.

Prép. : 40 min. - Cuiss. sauce : 3-4 h.
Cuiss. côtelettes : 5 min. Cuiss. farce : 15 min.

Sauce : procéder comme pour les noisettes de chevreuil aux figues (p. 49). Ajouter seulement la crème et la confiture d'airelles. Incorporer les truffes et le blanc d'œuf hachés au dernier moment.

Farce de gibier : passer la chair de chevreuil et de porc ainsi que le lard gras au hachoir fin. Travailler cette préparation sur un lit de glace, ajouter la crème et l'œuf. Assaisonner.

Etaler la farce sur une plaque beurrée et cuire au four (160°) pendant 15 minutes environ. Découper en triangle après cuisson.

Faire sauter les côtelettes à l'huile et au beurre, les éponger et les dresser sur assiettes. Garnir avec les croûtons de farce et napper de sauce.

Epaules de chevreuil à la choucroute

Pour 6 personnes

Prép. : 30 min. - Cuiss. : 2 h.

Ingrédients :
2 épaules de chevreuil
100 g. d'échine de porc
100 g. de lard gras
1 œuf
1 dl. de crème
1,2 kg. de choucroute
200 g. de carottes
200 g. d'oignons
2 clous de girofle
Sel, poivre du moulin, cumin
3 dl. de vin blanc d'Alsace
900 g. de pommes de terre.

Désosser les épaules de chevreuil. Prélever 100 g. de chair et la passer au hachoir fin avec le porc et le lard gras. Incorporer 1 dl. de crème et 1 œuf entier.

Etendre les épaules et étaler la farce. Les rouler, les coudre et les mettre à colorer au four pendant 30 minutes.

Laver la choucroute à grande eau puis la blanchir. Presser la choucroute et la saupoudrer de cumin. Ajouter 3 dl. d'eau et le vin blanc d'Alsace, les carottes épluchées, l'épaule de chevreuil et laisser cuire pendant 2 heures.

Laver et cuire les pommes de terre en robe des champs.

Au terme de la cuisson, découper les épaules en tranches fines.

Dressage : disposer un lit de choucroute sur un plat, mettre les tranches d'épaules dessus et garnir le tour avec des rondelles de pommes de terre.

Filets de chevreuil aux clémentines

Pour 6 personnes

Ingrédients :
900 g. de filets de chevreuil sans os
5 cl. d'huile
100 g. de beurre
100 g. de carottes
100 g. d'oignons
1 kg. d'os et parures de gibier
1 dl. de vinaigre
2 dl. de vin blanc
2 l. de fond de veau (p. 116)
50 g. de confiture d'airelles
18 clémentines
Thym, laurier
Sel, poivre du moulin et poivre en grains.

Prép. : 30 min. - Cuiss. sauce : 3-4 h. Cuisson filets : 5 min.

Sauce : procéder comme pour les noisettes de chevreuil aux figues (p. 49). Ajouter seulement la crème, la confiture d'airelles et 6 clémentines bien épluchées. Monter au mixer.

Eplucher les autres clémentines, les séparer en deux et les mettre à chauffer au four avec 50 g. de beurre.

Faire revenir les filets de chevreuil à l'huile et au beurre. Saler, poivrer.

Dressage : escaloper finement les filets, les disposer sur six assiettes, napper de sauce et garnir les assiettes avec les clémentines.

Filets de chevreuil aux cerises

Pour 6 personnes

Ingrédients :
900 g. de filets de chevreuil sans os
5 cl. d'huile
50 g. de beurre
4 dl. de porto
1 orange
50 g. de gelée de groseille
700 g. de griottes dénoyautées
Sel, poivre du moulin.

Prép. : 30 min. - Cuiss. : 5 min.

Dénerver les filets de chevreuil et les faire revenir à l'huile et au beurre. Saler, poivrer et garder les filets au chaud.

Dégraisser le récipient de cuisson, déglacer au porto, ajouter le jus de l'orange, 50 g. de gelée de groseille et 100 g. de griottes. Réduire, monter au mixer puis ajouter le restant des cerises.

Dressage : escaloper les filets de chevreuil, les disposer en couronne sur six assiettes, napper de sauce et garnir le centre des assiettes avec le restant des cerises.

Filet de chevreuil
St-Hubert en brioche

XXX OOO

Prép. : 1 h. - Repos : 1 à 2 h. - Cuiss. : 20 min.

Pour 6 personnes

Ingrédients :
*600 g. de filet de
chevreuil
5 cl. d'huile
170 g. de beurre
150 g. de chair de
chevreuil
150 g. de lard gras
150 g. d'échine de porc
4 œufs
1 dl. de crème
90 g. de crépine de porc
100 g. de champignons
de Paris
1 baie de genièvre
900 g. de pommes de
reinette
3 dl. de sauce poivrade
(p. 112)
300 g. de farine
12 g. de levure de
boulanger
3 dl. de lait
Sel fin, poivre du
moulin
Quatre épices.*

Réaliser la pâte à brioche : Mettre la farine en fontaine dans un récipient. Verser le lait au centre et ajouter la levure. Quand cette dernière est dissoute, ajouter les œufs et 6 g. de sel puis incorporer petit à petit la farine. Battre la pâte à la main (cette opération a pour but de rendre la pâte élastique, elle doit se détacher facilement de la main et du récipient).

Incorporer le beurre en pommade à la pâte. Débarrasser dans un récipient légèrement fariné, couvrir d'un linge et laisser reposer pendant 1 à 2 heures.

Faire revenir les filets de chevreuil dénervés à l'huile et au beurre pendant 1 minute pour qu'ils soient colorés. Les réserver.

Passer la chair de chevreuil et de porc ainsi que le lard gras au hachoir fin. Mélanger ces ingrédients sur un lit de glace et incorporer l'œuf et la crème. Assaisonner avec sel, poivre, épices. Ajouter 100 g. de champignons de Paris sautés au beurre et 1 baie de genièvre écrasée.

Couvrir les filets avec cette farce, les envelopper dans une crépine et les faire sauter au beurre pendant 4 minutes. Laisser refroidir.

Fariner la table de travail et abaisser la pâte à brioche. Découper des rectangles et envelopper chaque filet. Passer à la dorure et cuire au four à 180° pendant 15 minutes.

Eplucher les pommes, les couper en lamelles et les compoter avec un peu d'eau. Ne pas sucrer.

Dressage :
Mettre la compote au centre des assiettes. Garnir avec des tranches de filet de chevreuil.

Gigue de chevreuil rôtie aux marrons

Pour 6 personnes

Ingrédients :
*1 gigue de chevreuil de
2 kg.
200 g. de lard gras
1 l. de vin de Bourgogne
1 dl. d'huile
Poivre en grains
4 baies de genièvre
2 clous de girofle
100 g. d'échalotes
Thym, laurier
50 g. de beurre
2 kg. de marrons
100 g. d'oignons
2 dl. de fond de gibier
(p. 117)
1 bouquet garni
3 dl. de fond de veau lié
(p. 116).*

Prép. : 30 min. - Marinade : 24 h. - Cuiss. : 15 min./livre.

Piquer la gigue de chevreuil de lard gras et la mettre à mariner pendant 24 heures avec le vin rouge, l'huile, le poivre en grains, les baies de genièvre, les clous de girofle, l'oignon émincé, le thym et le laurier. Mettre à cuire à four chaud pendant 1 heure environ. Saler au bout de 30 minutes. Ajouter 100 g. d'échalotes ciselées, dégraisser et terminer la cuisson avec 2 dl. de fond de gibier.

Inciser l'écorce des marrons sur le côté bombé. Poser les marrons dans une plaque avec un peu d'eau. Mettre dans un four très chaud pendant 5 minutes Les éplucher encore chauds. Les disposer dans un sautoir beurré. Mouiller à hauteur avec du fond de veau lié, ajouter le bouquet garni et cuire au four pendant 25 minutes. Verser le fond de cuisson des marrons dans une casserole, faire réduire et glacer les marrons avec.

Noisettes de chevreuil aux airelles

Pour 6 personnes

Ingrédients :
900 g. de filets de chevreuil
sans os
5 cl. d'huile
100 g. de carottes
100 g. d'oignons
1 kg. d'os et de parures
1 dl. de vinaigre
2 dl. de vin blanc
2 l. de fond de veau (p. 116)
2 dl. de crème
50 g. de confiture d'airelles
250 g. d'airelles au naturel
6 petites tartelettes
Thym, laurier
Sel / Poivre

Prép. : 30 min. - Cuiss. sauce : 3 à 4 h. - Cuiss. noisettes : 5 min.

Sauce : procéder comme pour les noisettes de chevreuil aux figues (p. 49). Ajouter seulement la crème, la confiture d'airelles, 50 g. d'airelles au naturel et monter au mixer.

Tailler les filets en tranches et les faire sauter au beurre et à l'huile. Les garder rosées.

Dresser les noisettes sur 6 assiettes, les napper de sauce et garnir avec une petite tartelette remplie d'airelles, des pommes en ailes de pigeon et des pommes croquettes en forme de poire.

Noisettes de chevreuil à la cannelle et aux pommes

XX OOO

Pour 6 personnes

Ingrédients :
900 g. de filet de chevreuil dénervé
5 cl. d'huile
100 g. de beurre
100 g. de carottes
100 g. d'oignons
1 kg. d'os et de parure de gibier
2 dl. de vin blanc
2 l. de fond de veau brun (p. 116)
1 dl. de crème
1,2 kg. de pommes de reinette
Cannelle en poudre
Sel fin, poivre du moulin
Thym
Laurier
1/2 citron.

Prép. : 30 min. - Cuiss. noisettes : 3 à 4 min. - Cuiss. sauce : 3 à 4 h.

Eplucher les pommes de reinette (sauf deux), les tailler en lamelles et les compoter avec un peu d'eau. Ne pas sucrer.

Faire revenir dans 50 g. de beurre les os et les parures de gibier. Ajouter les oignons et les carottes épluchés, lavés et taillés en petits dés, le thym et le laurier. Déglacer au vin blanc. Laisser réduire complètement puis mouiller avec le fond ou, à défaut, avec de l'eau. Laisser cuire doucement pendant 3 à 4 heures. Ajouter 10 à 12 grains de poivre écrasés 15 minutes avant la fin de la cuisson.

Passer la sauce au chinois. Ajouter 200 g. de compote de pommes parfumée à la cannelle, assaisonner et monter au mixer avec 1 dl. de crème.

Tailler les deux pommes restantes en 6 ailes de pigeon. Les citronner à l'aide d'un pinceau. Passer au four chaud pendant 4 minutes.

Tailler les filets en tranches et les faire revenir dans une poêle avec l'huile et le beurre restant. Assaisonner.

Dressage :
Pommes en ailes de pigeon en haut des assiettes, compote de pommes au centre. Noisettes de chevreuil sur le devant de l'assiette sur un léger fond de sauce.

Noisettes de chevreuil aux figues

Pour 6 personnes

Ingrédients :
900 g. de filets de
chevreuil sans os
5 cl. d'huile
100 g. de beurre
100 g. de carottes
100 g. d'oignons
1 kg. d'os de gibier
1 dl. de vinaigre
2 dl. de vin blanc
2 l. de fond de veau (p. 116)
2 dl. de crème
50 g. de confiture d'airelles
18 figues rouges
Thym, laurier
Sel, poivre.

Prép. : 30 min. - Cuiss. sauce : 3 à 4 h. - Cuiss. noisettes : 5 min.

Faire revenir dans 50 g. de beurre les os de gibier. Ajouter les oignons et carottes épluchés, lavés et taillés en petits dés, le thym et le laurier. Déglacer au vinaigre et au vin blanc. Laisser réduire complètement. Mouiller avec le fond ou, à défaut, avec de l'eau et cuire doucement à couvert pendant 3 à 4 heures. Ajouter 15 minutes avant la fin de la cuisson 10 à 11 grains de poivre écrasés. Passer la sauce. Ajouter 6 figues épluchées, la crème et la confiture d'airelles. Faire réduire, assaisonner puis monter la sauce au mixer.

Tailler les filets en tranches. Faire revenir les tranches dans une poêle avec l'huile et le beurre restant. Les garder rosées.

Dresser les noisettes sur 6 assiettes, les napper de sauce puis les garnir avec 2 figues escalopées.

XX OOO

Noisettes de chevreuil Romanoff

Pour 6 personnes

Prép. : 20 min. - Cuiss. sauce : 3 à 4 h. - Cuiss. noisettes : 5 min.

Ingrédients :
*900 g. de filets de
chevreuil sans os
5 cl. d'huile
100 g. de beurre
100 g. de carottes
100 g. d'oignons
1 kg. d'os et parures de
gibier
1 dl. de vinaigre
2 dl. de vin blanc
2 l. de fond de veau lié
(p. 116)
3 dl. de crème
50 g. de confiture
d'airelles
2 concombres
150 g. de champignons
de Paris
600 g. de cèpes
50 g. de persil
100 g. d'échalotes
Thym, laurier
Sel
Poivre du moulin et
poivre en grains.*

Sauce : procéder comme pour les noisettes de chevreuil aux figues (p. 49). Ajouter seulement la crème et la confiture d'airelles.

Eplucher les concombres, les tailler en tronçons, les creuser et les faire cuire 5 minutes à l'eau bouillante.

Eplucher les champignons de Paris, les laver, les hacher et les mettre à cuire jusqu'à complète évaporation avec les échalotes ciselées et suées au beurre. Assaisonner, ajouter un peu de crème et de sauce puis farcir les concombres.

Eplucher, laver et faire rissoler les cèpes à l'huile. Ajouter les échalotes ciselées, le persil haché et une noix de beurre. Assaisonner et lier à la crème.

Tailler les filets en tranches. Les faire sauter dans une poêle avec l'huile et le beurre restant. Les garder rosées.

Dresser les cèpes au centre de 6 assiettes et déposer autour les tronçons de concombre farcis et les noisettes de chevreuil.

Servir la sauce à part.

XX OOO

Noisettes de chevreuil aux morilles

Pour 6 personnes

Prép. : 20 min. - Cuiss. noisettes : 5 min.

Ingrédients :
*900 g. de filet de chevreuil
60 g. de beurre
1 blanc de poireau
200 g. de carottes
1 oignon
1 dl. de vin
1/2 l. de fond de gibier
(p. 117)
60 g. de morilles
déshydratées
2 cl. de cognac
1 cuil. à soupe d'huile
Sel, poivre.*

Faire revenir 30 g. de beurre, le poireau, les carottes et l'oignon émincés finement. Déglacer avec le vin blanc, laisser réduire, ajouter le fond de gibier. Laisser mijoter 20 minutes. Passer au chinois. Ajouter les morilles réhydratées.

Tailler le filet en tranches régulières. Les cuire à la poêle avec l'huile et le reste de beurre. Assaisonner. Les garder rosées.

Déglacer la poêle au cognac. Verser dans la sauce.

Dresser sur assiettes, napper de sauce.

Selle de chevreuil à la banane

Pour 8 personnes

Ingrédients :
1 selle de chevreuil
5 cl. d'huile
100 g. d'oignons
100 g. de carottes
10 g. de queues de persil
1 feuille de laurier
5 grains de poivre
Jus de citron
2 dl. de vin blanc
200 g. de lard gras
8 bananes pas trop mûres
50 g. de farine
4 dl. de sauce poivrade (p. 112)
100 g. de beurre
Sel fin, poivre du moulin.

Prép. : 30 min. - Cuiss. : 35 min.

Parer et larder la selle. La mettre à mariner pendant 2 heures avec les oignons et les carottes émincés, les queues de persil, la feuille de laurier, le poivre en grains, le jus de citron et le vin blanc.

Cuire la selle à la broche pendant 35 minutes environ en l'arrosant fréquemment avec la marinade.

Eplucher et couper les bananes en deux dans le sens de la longueur. Les passer dans la farine et les faire sauter au beurre.

Dresser la selle sur un plat. Garnir le tour avec les bananes sautées. Servir la sauce à part en saucière.

1 - Découper de fines lanières de viande en suivant l'os.

2 - Suggestion de présentation sur assiette.

52

Galantine de faisan

Pour 6 personnes

Prép. : 45 min. - Marinade : 2 h. - Cuiss. : 1 h. 15 min.

Ingrédients :
1 faisan de 1 kg.
150 g. d'échine de porc
150 g. de lard gras
20 g. de carottes
20 g. d'oignons
10 g. de truffes
10 g. de pistaches
5 g. de sel
1 g. d'épices pour pâté
2 g. de poivre vert
1 œuf
2 cl. de cognac
1/2 gousse d'ail
1 bouquet garni
25 g. de beurre
Thym , laurier
1 zeste d'orange blanchi
3 baies de genièvre
2 l. de fond de gibier
(p. 117)
1/2 pain de mie
100 g. de barde de lard.

Découper la tête, les ailes et la queue du faisan. Les réserver.

Plumer, flamber, vider et désosser le faisan par le dos.

Mettre les filets de faisan à mariner dans le cognac pendant 2 heures.

Concasser les os et les faire revenir à l'huile. Ajouter la carotte et l'oignon émincés. Laisser mijoter, puis mouiller avec 1/2 litre d'eau froide. Ajouter le bouquet garni, l'ail écrasé, les baies de genièvre et laisser cuire pendant 1 heure. Passer au chinois et laisser réduire pour obtenir 1 dl. de glace. Assaisonner et tenir au frais.

Couper les chairs du faisan, l'échine de porc et le lard gras en lanières. Passer au hachoir les lanières de faisan et de porc deux fois et le lard une fois.

Mélanger, incorporer la glace et l'œuf. Passer au tamis. Assaisonner. Ajouter la truffe et la pistache hachées et le zeste d'orange. Garder au frais.

Faire revenir les filets de faisan dans le beurre chaud. Les enrober dans de la barde fine.

Etendre la peau du faisan sur un linge bien propre. Etaler la farce. Placer les filets au centre. Recouvrir avec le reste de farce. Refermer et coudre la peau.

Rouler le linge autour de la galantine, la ficeler et serrer fortement aux deux bouts. Mettre à cuire dans un fond de gibier frémissant pendant 1 heure 10 minutes environ. Egoutter la galantine après cuisson, la déballer et la serrer à nouveau dans le même linge.

Dressage :
Découper la galantine en tranches et garnir de gelée.

Faisan à l'estragon

X CO

Pour 4 personnes

Prép. : 30 min. - Cuiss. : 35 à 40 min.

Ingrédients :
1 faisan de 1,2 kg.
50 g. de beurre
4 dl. de sauce poivrade
(p. 112)
1 botte d'estragon
Sel fin, poivre du
moulin.

Plumer, flamber, vider et brider le faisan. Le faire revenir au beurre dans une cocotte pendant 15 minutes environ.

Dégraisser, mouiller avec la sauce poivrade additionnée de feuilles d'estragon. Assaisonner et finir la cuisson à couvert pendant 20 à 25 minutes.

Retirer le faisan. Passer la sauce au chinois et lui adjoindre 1 cuillerée à café d'estragon haché.

Dresser le faisan dans un plat creux en bi-métal. L'arroser de sauce et le décorer de feuilles d'estragon blanchies.

56

Faisan au raisin

Pour 4 personnes

Prép. : 30 min. - Cuiss. : 30 min.

Ingrédients :
1 faisan de 1 à 1,2 kg.
3 cl. de cognac
650 g. de raisin pelé
40 g. de beurre
20 cl. d'huile
3 dl. de fond de gibier
(p. 117)
50 g. d'échalote
Sel, poivre.

Plumer, flamber et vider le faisan.

Le saler, le poivrer et le faire raidir dans une cocotte avec l'huile et le beurre. Faire suer les échalotes ciselées avec le faisan, flamber avec 1,5 cl. de cognac, ajouter la moitié du raisin et le fond de gibier.

Fermer hermétiquement la cocotte et laisser cuire pendant 30 minutes.

Mettre le restant du raisin à macérer avec 1,5 cl. de cognac.

Retirer le faisan de la cocotte.

Monter la sauce au mixer puis la passer au chinois. Ajouter les grains de raisin macérés.

Découper le faisan en quatre.

Dresser les morceaux au centre de quatre assiettes.

Garnir avec les grains de raisin, un fond d'artichaut garni d'une duxelles de champignons et des tomates cocktail.

Faisan sauté aux clémentines

Pour 4 personnes

Ingrédients :
1 faisan de 1 kg.
16 clémentines
40 g. de beurre
5 cl. d'huile
15 g. de carottes
15 g. d'oignons
1/2 gousse d'ail
Thym, laurier
3 baies de genièvre
1 l. de fond de gibier
(p. 117)
5 cl. de Grand Marnier.

Prép. : 30 min. - Cuiss. : 15 min.

Plumer, flamber et vider le faisan.

Lever les ailes et les cuisses. Les réserver.

Concasser la carcasse du faisan. La faire revenir à l'huile, ajouter les carottes et les oignons émincés, laisser mijoter puis mouiller avec 1 litre de fond de gibier. Laisser cuire pendant 45 minutes après avoir ajouté le bouquet garni, l'ail écrasé et les baies de genièvre. Passer au chinois et laisser réduire de moitié. Assaisonner.

Eplucher les clémentines, en presser 8. Partager les 8 autres en deux et les tenir au chaud dans le fond de gibier réduit.

Saler, poivrer les ailes et les cuisses du faisan puis les faire raidir dans un sautoir avec le beurre et 2 cl. d'huile. Couvrir et laisser cuire doucement pendant 15 minutes. Sortir les morceaux de faisan et les maintenir au chaud.

Dégraisser le sautoir, faire pincer les sucs, verser le Grand Marnier, flamber, ajouter le jus des clémentines et mouiller avec le fond réduit. Vérifier l'assaisonnement.

Dresser les filets et les cuisses escalopés sur 4 assiettes. Napper de sauce et garnir avec les 1/2 clémentines.

Faisan sauté aux choux

Pour 4 personnes

Prép. : 1 h. - Cuiss. : 30 min. (fond : 1 h.)

Ingrédients :
1 faisan de 1 kg.
40 g. de beurre
5 cl. d'huile
1 kg. de chou pommé
80 g. de lard salé
5 baies de genièvre
100 g. de farce à gratin
(p. 118)
30 g. de carottes
30 g. d'oignons
1 bouquet garni
150 g. de pain de mie en
tranches
50 g. d'airelles
200 g. de farce fine de
volaille (p. 118).

Plumer, flamber et vider le faisan.

Lever les ailes et les cuisses. Les saler, les poivrer et les faire raidir dans un sautoir avec 40 g. de beurre et 2 cl. d'huile. Couvrir et laisser cuire à l'étuvée pendant 10 minutes.

Concasser les os de la carcasse, les faire revenir avec 3 cl. d'huile, ajouter les carottes et les oignons émincés, laisser mijoter puis mouiller avec 1 l. d'eau froide. Laisser cuire pendant 1 heure après avoir ajouté le bouquet garni, l'ail écrasé et 3 baies de genièvre. Passer au chinois après cuisson et laisser réduire pour obtenir 3 dl. de sauce environ.

Pendant ce temps, éplucher et laver le chou. Prélever 16 belles feuilles et les blanchir à l'eau bouillante salée.

Tailler le reste du chou en lanières et le faire blanchir aussi à l'eau bouillante salée.

Couper le lard en fines tranches à faire revenir au beurre dans une cocotte. Ajouter le chou en lanières, 2 baies de genièvre, saler, poivrer. Mouiller avec 2 dl. d'eau environ et laisser cuire hermétiquement pendant 20 minutes.

Ouvrir la cocotte, poser les ailes et les cuisses de faisan sur le chou et finir la cuisson 10 minutes plus tard environ.

Mettre 200 g. de farce fine de volaille au centre des feuilles de chou et former des petites boules à envelopper dans du papier aluminium. Pocher ces boules pendant 10 minutes dans de l'eau bouillante salée.

Tailler les tranches de pain de mie en forme de cœur et les faire frire au beurre. Les tartiner avec le reste de farce et passer 2 minutes à four bien chaud.

Dressage :
- lit de chou au centre d'une assiette
- filet ou cuisse de faisan escalopés dessus
- boules de chou et croûtons surmontés d'airelles autour

Faisan aux marrons

Pour 4 personnes

Prép. : 1 h. - Cuiss. faisan : 30 à 35 min. - Cuiss. marrons : 25 min. env.

Ingrédients :
1 faisan de 1 kg.
100 g. d'oignons
100 g. de céleri en branche
100 g. de carottes
100 g. de tomates
1 bouquet garni
1,5 kg. de marrons
100 g. de beurre
5 dl. de fond de gibier (p. 117)
1 dl. de vin blanc
5 cl. de crème
5 dl. de lait
5 cl. de fond de veau lié (p. 116).

Plumer, flamber et vider le faisan.

Saler et poivrer le foie, le faire revenir dans une poêle avec 20 g. de beurre. Réserver au frais.

Inciser l'écorce des marrons sur le côté bombé. Placer les marrons dans une plaque avec un peu d'eau et passer dans un four très chaud pendant 5 minutes environ. Eplucher les marrons pendant qu'ils sont chauds.

Garder 2/3 de beaux marrons à braiser. Mettre le restant à cuire dans le lait bouillant pendant 25 minutes environ. Après cuisson, les passer à la moulinette avec le foie du faisan. Ajouter 50 g. de beurre et 5 cl. de crème et farcir le faisan avec cet appareil. Eplucher, laver et tailler les légumes en petits dés.

Faire revenir le faisan dans une cocotte avec 30 g. de beurre, ajouter les légumes, laisser cuire 5 minutes, déglacer au vin blanc, mouiller au fond de gibier. Saler, poivrer. Fermer hermétiquement la cocotte et laisser cuire doucement pendant 35 minutes.

Mettre les marrons bien à plat dans un sautoir beurré, mouiller à hauteur avec le fond de veau lié, ajouter un bouquet garni avec du céleri et cuire au four pendant 25 minutes. Verser le fond de cuisson des marrons dans une casserole, faire réduire et glacer les marrons avec.

Retirer le faisan de la cocotte. Passer le fond de cuisson au chinois, faire réduire, vérifier l'assaisonnement.

Dressage :

Lever les filets et les cuisses du faisan. Les disposer au centre des assiettes. Napper avec le fond de cuisson. Disposer les marrons braisés tout autour.

Soufflés de faisan

✕ ◯

Pour 4 personnes

Ingrédients :
400 g. de chair de faisan
2,5 dl. de crème fraîche
épaisse
6 blancs d'œufs
8 g. de sel
2 g. de poivre.

Prép. : 30 min. - Cuiss. : 35 min.

Passer deux fois la chair de faisan au hachoir.

Incorporer 2 blancs d'œufs et la crème légèrement fouettée.

Saler, poivrer et tenir au frais pour raffermir l'appareil.

Monter le restant des blancs en neige très ferme. Incorporer délicatement à la farce les blancs montés.

Dresser dans des moules à soufflé beurrés et farinés. Cuire au four 160° au bain-marie pendant environ 35 minutes.

Servir aussitôt.

Salmis de faisan

✕✕ ◯◯

Pour 4 personnes

Ingrédients :
1 faisan de 1 kg.
100 g. de beurre
100 g. de barde de lard
200 g. de champignons
de Paris
40 g. de truffes
2 cl. de cognac
50 g. de carottes
50 g. d'oignons
50 g. d'échalotes
1 dl. de vin blanc
3 dl. de fond de gibier
(p. 117)
150 g. de pain de mie en
tranches
100 g. de farce à gratin
(p. 118).

Prép. : 15 min. - Cuiss. : 1 h.

Plumer, flamber, vider et barder le faisan puis le mettre à rôtir pendant 20 minutes environ en l'arrosant fréquemment de beurre.

Eplucher, laver, émincer les champignons et les faire sauter au beurre. Ajouter la truffe coupée en fines lamelles. Flamber au cognac. Saler, poivrer.

Découper le faisan en quatre et le poser sur les champignons.

Concasser la carcasse.

Faire suer au beurre une mirepoix faite avec les carottes, les oignons et les échalotes. Ajouter la carcasse concassée. Déglacer avec 1 dl. de vin blanc et mouiller avec 3 dl. de fond de gibier. Laisser cuire doucement pendant 30 minutes. Dépouiller la sauce puis la passer au chinois sur les morceaux de faisan.

Laisser mijoter pendant 10 minutes.

Tailler les tranches de pain de mie en forme de cœur. Les faire frire au beurre, les tartiner avec la farce à gratin et les passer 2 minutes à four bien chaud.

Dresser le salmis dans un plat, napper de sauce et disposer autour les croûtons farcis.

Gélinottes à la crème

Pour 4 personnes

Prép. : 30 min. - Marinade : 1 h. - Cuiss. : 35 min.

Ingrédients :
2 gélinottes
5 dl. de lait
3 dl. de crème
60 g. de beurre
160 g. de barde de lard
50 g. d'échalotes
1 dl. de porto
1 botte de cresson
Sel, poivre.

Plumer, flamber et vider les gélinottes.

Laver l'intérieur avec un peu de lait que l'on jette, puis vider le reste du lait dans les oiseaux. Laisser mariner pendant 1 heure en retournant fréquemment les animaux.

Egoutter, barder les gélinottes, les placer dans une petite plaque à rôtir et les mettre à cuire à four chaud avec 60 g. de beurre pendant 15 minutes.

Dégraisser, ajouter les échalotes ciselées, déglacer au porto puis ajouter la crème. Laisser mijoter au four pendant 20 minutes.

Retirer les gélinottes, vérifier l'assaisonnement et la consistance de la sauce.

Dresser les gélinottes sur un plat ovale, napper de sauce et garnir d'un bouquet de cresson. Servir des pommes croquettes à part.

Gélinottes grillées

Pour 4 personnes

Prép. : 30 min. - Marinade : 1 h. - Cuiss. : 12 min.

Ingrédients :
2 gélinottes
100 g. de beurre
4 dl. de lait
50 g. de chapelure
1 botte de cresson.

Plumer, flamber et vider les gélinottes.

Les désosser en commençant par le dos. Garder uniquement les os de l'extrémité des pattes et des ailes. Laver les gélinottes dans 1 dl. de lait que l'on jette. Puis les mettre à mariner dans un plat avec le restant du lait pendant 1 heure.

Egoutter les gélinottes, les passer dans 50 g. de beurre fondu puis dans la chapelure.

Faire griller doucement pendant 12 minutes.

Dresser sur un plat garni de gnocchi à la romaine et de petites tomates provençales.

Servir une sauce poivrade (p. 112) à part.

✕✕ ∞

Ortolans pochés à la fine champagne

Pour 4 personnes

Prép. : 40 min. - Cuiss. : 20 min.

Ingrédients :
12 ortolans
4 cl. de fine champagne
2 dl. de consommé de
volaille ou de bouillon
4 vessies de porc
Sel, poivre.

Echauder et plumer les ortolans.

Parfumer l'intérieur des ortolans avec la fine champagne.

Saler, poivrer et mettre 3 ortolans dans chaque vessie bien propre. Ajouter le consommé de volaille, fermer hermétiquement et cuire à l'eau bouillante salée pendant 20 minutes.

Sortir les ortolans de la vessie au terme de la cuisson.

Réduire le fond de cuisson.

Dresser les ortolans sur un plat, napper avec le fond de cuisson et servir aussitôt.

✕ ∞

Ortolans rôtis

Pour 4 personnes

Prép. : 40 min. - Cuiss. : 15 min.

Ingrédients :
12 ortolans
50 g. de beurre
5 cl. d'huile
Sel, poivre.

Echauder et plumer les ortolans.

Placer les ortolans dans une plaque à rôtir. Saler, poivrer et badigeonner chaque oiseau d'un peu de beurre et d'huile.

Cuire au four pendant 15 minutes environ en arrosant fréquemment.

Dresser sur un plat et servir aussitôt.

Chaud-froid de grives

XX COO

Pour 4 personnes

Ingrédients :
4 grives
100 g. de farce à gratin
(p. 118)
40 g. de truffes
80 g. de foie gras
30 g. d'oignons
30 g. de carottes
30 g. de beurre
1 dl. d'huile
1 bouquet garni
8 dl. de fond de gibier
(p. 117)
2 baies de genièvre
6 dl. de gelée (p. 117)
1 dl. de porto
1 œuf.

Prép. : 1 h. - Cuiss. : 30 min. (fond : 1 h.)

Plumer et flamber les grives. Les désosser par le dos. Réserver les têtes. Faire revenir les os des grives dans 30 g. de beurre et 1 dl. d'huile. Ajouter les oignons et les carottes émincés. Mouiller avec le fond de gibier. Mettre un bouquet garni, 2 baies de genièvre et laisser cuire pendant 1 heure. Passer le fond au chinois.

Farcir les grives avec la farce à gratin additionnée de foie gras frais et de truffes grossièrement hachées. Rouler les grives en forme de ballottines et envelopper dans une feuille de papier aluminium.

Cuire les grives au four pendant 10 minutes. Retirer le papier aluminium et terminer la cuisson dans le fond de gibier réalisé avec les os des grives. Laisser refroidir dans le fond de cuisson.

Sortir les grives et les éponger. Faire réduire le fond de cuisson pour obtenir 4 dl. Ajouter 3 dl. de gelée et parfumer avec 5 cl. de porto. Vérifier la consistance et l'assaisonnement.

Napper les grives avec la sauce au chaud-froid en ajoutant les têtes rôties et lustrer à la gelée.

Garnir de petits fonds d'artichaut aux légumes et de tomates cerises.

Grives grillées

X CO

Pour 4 personnes

Ingrédients :
4 grives
50 g. de beurre
1 botte de cresson
Sel, poivre.

Prép. : 30 min. - Cuiss. : 10 min.

Plumer et flamber les grives.
Les fendre par le dos, les ouvrir et retirer les entrailles et les petits os de l'intérieur.
Saler, poivrer.
Passer au beurre fondu et faire griller à feu doux.
Dresser sur plat long. Garnir avec un bouquet de cresson et des pommes chips.
Servir une sauce piquante (p. 118) à part.

Grives aux petits pois

Pour 4 personnes

Ingrédients :
4 grives
100 g. d'oignons
400 g. de carottes
400 g. de petits pois
écossés
1 laitue
100 g. de beurre
Sel, poivre
Sucre.

Prép. : 45 min. - Cuiss. : 30 min.

Plumer, flamber et retirer les gésiers des grives sans les vider.

Cuire les grives au four avec 10 g. de beurre pendant 10 minutes. Eplucher, laver et tourner les carottes en forme d'olive. Les mettre dans une casserole avec du sel et du poivre, 20 g. de beurre, une pincée de sucre et mouiller à hauteur avec de l'eau. Cuire doucement pendant 20 minutes.

Laver les petits pois. Eplucher, laver et tailler la laitue en lanières (chiffonnade).

Eplucher, laver, ciseler les oignons et les faire suer dans 60 g. de beurre. Ajouter la laitue et les petits pois. Assaisonner, verser 2 dl. d'eau et mettre à cuire pendant 20 minutes.

Rassembler les petits pois, les carottes et les grives dans une cocotte en terre ou en bi-métal et finir de cuire pendant 10 minutes au four.

Poser la cocotte sur un plat et servir.

Grives aux pruneaux

Pour 4 personnes

Ingrédients :
4 grives
400 g. de pruneaux
50 g. de beurre
4 dl. de sauce poivrade
(p. 112)
1 dl. de vin blanc
Sel fin, poivre du
moulin.

Prép. : 30 min. - Cuiss. : 15 min.

Plumer, flamber et retirer le gésier des grives sans les vider.

Cuire les grives avec 50 g. de beurre au four pendant 10 minutes.

Retirer les grives du plat de cuisson, dégraisser, déglacer au vin blanc, laisser réduire, mouiller avec la sauce poivrade et ajouter les pruneaux trempés à l'avance. Poser les grives dessus et terminer la cuisson pendant 5 minutes.

Dresser les pruneaux dans un plat creux en bi-métal, poser les grives dessus, arroser de sauce et servir aussitôt.

Palombes à la broche

Pour 4 personnes

Prép. : 20 min. - Cuiss. : 25 min.

Ingrédients :
2 palombes
400 g. de raisin
100 g. de barde de lard
1 dl. de fine champagne
4 dl. de fond de volaille
(p. 116)
4 tranches de pain
boulot
Sel, poivre.

Plumer, flamber et vider les palombes en prenant soin de garder les têtes et les intérieurs.

Saler, poivrer et farcir les palombes avec les grains de raisin. Barder et embrocher les oiseaux.

Cuire à la broche. Flamber à la fine champagne après 5 minutes et finir de laisser cuire pendant 15 minutes en arrosant fréquemment avec le fond de volaille.

Faire griller les tranches de pain de mie.

Retirer la cervelle des têtes.

Préparer les rôties : faire sauter les intérieurs et les cervelles. Les flamber à la fine champagne, les piler et les passer au tamis. Assaisonner, tartiner les tranches de pain avec cette purée et les arroser avec le jus dégraissé de la lèchefrite.

Mettre les rôties sur un plat, poser dessus les palombes coupées en deux et servir aussitôt.

Palombes aux petits oignons

Pour 4 personnes

Prép. : 30 min. - Cuiss. : 30 min.

Ingrédients :
2 palombes
200 g. de petits oignons
50 g. de beurre
1 pincée de sucre
4 dl. de sauce poivrade
(p. 112)
100 g. de barde fine de
lard
5 cl. de fine champagne
2 dl. de jus de volaille
Sel fin
Poivre du moulin.

Procéder comme pour les palombes à la broche. Remplacer les grains de raisins par des petits oignons préparés de la manière suivante :

Eplucher et laver les petits oignons. Les mettre dans une casserole avec 20 g. de beurre, une prise de sucre et une pincée de sel fin. Mouiller à mi-hauteur avec de l'eau. Couvrir avec un papier sulfurisé percé au centre et cuire jusqu'à évaporation complète de l'eau.

Donner une coloration brune et brillante aux oignons en remuant la casserole.

Foies de lapin en salade

XO

Pour 4 personnes

Ingrédients :
4 foies de lapin
100 g. de lard fumé
4 œufs de caille
1 oignon
2 tranches de pain de mie
300 g. de pissenlit
Vinaigre.

Prép. : 20 min. - Cuiss. : 15 min.

Nettoyer et laver les pissenlits. Les réserver.

Faire revenir le lard coupé en dés puis les assaisonner. Réserver. Déglacer la poêle au vinaigre.

Disposer les pissenlits sur assiettes ou dans un saladier. Ajouter des rondelles d'oignons, les lardons, les foies escalopés, les œufs de caille durs et écalés et des croûtons de pain frits. Arroser de vinaigre chaud et servir aussitôt.

Salade de filets de lapin aux noisettes

Pour 4 personnes

Prép. : 20 min. - Cuiss. : 15 min.

Ingrédients :
4 filets de lapin
50 g. de noisettes hachées
200 g. de mesclun
60 g. de pleurotes
60 g. de girolles
2 carottes.
Vinaigrette :
4 cuil. à soupe d'huile
d'arachide
2 cuil. à soupe d'huile de
noisette
2 cuil. à soupe de
vinaigre de Jerez
Sel, poivre.

Eplucher, canneler puis couper les carottes en rondelles. Les blanchir. Les refroidir. Escaloper et sauter vivement au beurre les champignons nettoyés.

Faire dorer le lapin détaillé en fines tranches.

Dresser le mesclun nettoyé. Ajouter les carottes, les champignons et le lapin. Parsemer de noisettes.

Arroser avec la vinaigrette préparée en mélangeant tous les ingrédients.

Terrine de lapin aux kiwis

XX OO

Pour 10 personnes

Ingrédients :
1 lapin de garenne
300 g. d'échine de porc
300 g. de lard gras
15 g. de sel fin
3 g. de poivre blanc
3 g. de poivre rose
400 g. d'os de veau
80 g. de carottes
80 g. d'oignons
1 bouquet garni
3 cl. d'huile
2 œufs
300 g. de barde de lard
3 dl. de porto
Thym, laurier
5 kiwis pour garnir.

Prép. : 45 min. - Marinade : 2 h. - Cuiss. : 1 h. 15 min.

Désosser le lapin.

Couper les filets en lanières, les assaisonner et les mettre à mariner 1 heure dans le porto.

Couper le reste de chair de lapin, l'échine de porc et le lard gras en lanières. Assaisonner et parfumer avec 2 dl. de porto. Garder au frais pendant 2 heures.

Concasser les os de veau et de lapin, les faire revenir à l'huile, ajouter les carottes et les oignons épluchés, lavés, émincés, laisser mijoter, mouiller à l'eau froide et laisser cuire pendant 1 heure après avoir ajouté le bouquet garni. Passer au chinois et laisser réduire pour obtenir 2 dl. de glace. Assaisonner et tenir au frais.

Passer les lanières de lapin et de porc deux fois au hachoir fin, puis une fois le lard. Incorporer la glace de viande et les œufs, assaisonner puis passer au tamis. Mélanger les filets de lapin en lanières à la farce.

Chemiser une terrine de barde, verser la farce, tasser un peu. Recouvrir d'une barde. Parsemer le dessus de thym et d'une feuille de laurier.

Mettre un couvercle et cuire au four (150° C) au bain-marie pendant 1 heure 15 minutes environ.

Laisser refroidir sous presse. Enlever la barde du dessus et décorer avec des rondelles de kiwi.

Servir 3 rondelles de kiwi par tranche de terrine.

Blanquette de lapin aux brocolis

XX OO

Pour 8 personnes

Ingrédients :
1 lapin de garenne
100 g. d'oignons
60 g. de farine
2 gousses d'ail
1 bouquet garni
300 g. de champignons de Paris
250 g. de petits oignons
150 g. de carottes
50 g. de céleri en branche
150 g. de poireaux
1 dl. de crème
200 g. de beurre
2 œufs
1,6 kg. de brocolis
Sel, poivre.

Prép. : 30 min. - Cuiss. : 1 h.

Découper le lapin en huit morceaux, le mettre dans une casserole avec de l'eau froide et faire bouillir pendant 2 minutes. Rafraîchir.

Mettre les morceaux de lapin égouttés dans une casserole et mouiller à nouveau à l'eau froide. Ajouter la garniture aromatique (carottes, oignons, céleri, poireau, ail) et laisser cuire à petite ébullition pendant 1 heure.

Eplucher les petits oignons et les glacer à blanc.

Eplucher, laver, escaloper les champignons et les mettre à cuire 8 minutes environ dans une casserole avec 1 dl. d'eau, 1/2 jus de citron, 20 g. de beurre et un peu de sel.

Eplucher les brocolis et les cuire à l'eau bouillante salée.

Préparer un roux blanc avec 70 g. de farine et 70 g. de beurre.

Retirer les morceaux de lapin au terme de la cuisson. Passer le fond de cuisson sur le roux froid, porter à ébullition et cuire pendant 10 minutes. Réunir la crème et 2 jaunes d'œufs dans une calotte. Verser peu à peu la sauce dessus. Vérifier l'assaisonnement et la consistance de la sauce (elle doit être nappante). Passer la sauce au chinois sur les morceaux de viande.

Dresser les morceaux de lapin sur le fond des assiettes. Napper de sauce. Disposer la garniture dessus et des petits bouquets de brocolis autour.

Cuisses de lapin aux olives vertes

Pour 6 personnes

Prép. : 15 min. - Cuiss. : 25 à 30 min.

Ingrédients :
6 cuisses de lapin
300 g. d'olives vertes
5 cl. d'huile
6 dl. de fond de veau lié
(p. 116)
1 dl. de vin blanc
1 dl. de madère.

Faire revenir les cuisses de lapin dans un sautoir avec le beurre et l'huile. Finir la cuisson au four pendant 20 à 25 minutes.

Débarasser les cuisses après cuisson et les réserver au chaud.

Dégraisser le sautoir, déglacer au vin blanc, laisser réduire, mouiller au fond de veau lié et au madère. Laisser réduire à nouveau puis ajouter les olives dénoyautées, blanchies et égouttées. Laisser mijoter 2 à 3 minutes seulement.

Dressage :
Dresser les cuisses de lapin sur assiette. Entourer avec les olives et la sauce. Servir aussitôt.

XX ∞

Cuisses de lapin farcies aux pruneaux

Pour 4 personnes

Prép. : 30 min. - Cuiss. : 25 min.

Ingrédients :
4 cuisses de lapin
1 douzaine de pruneaux
80 g. d'amandes
4 tranches fines de lard
Sel, poivre
2 cuil. à soupe d'huile
40 g. de beurre
1 dl. de vin rouge
1 petit verre de porto
1 orange.

Désosser les cuisses de lapin.

Dénoyauter les pruneaux, les mixer avec les amandes et le lard.

Farcir les cuisses, les ficeler et les assaisonner.

Les faire dorer dans une cocotte à fond épais puis réduire le feu. Laisser cuire 25 minutes. Réserver le lapin au chaud. Déglacer au porto, mouiller au vin rouge et ajouter le zeste de l'orange.

Laisser réduire.

Dresser sur assiette entouré de sauce.

Servir avec des pommes croquettes.

Escalopes de lapin aux mirabelles

✕✕ ∞

Pour 6 personnes

Prép. : 20 min. - Cuiss. : 6 min. (fond : 1 h.)

Ingrédients :
3 râbles de lapin de garenne
50 g. de farine
5 dl. de fond de veau (p. 116)
1 dl. de vin blanc
50 g. de beurre
5 cl. d'huile
1 dl. de crème
50 g. de carottes
50 g. d'oignons
5 cl. d'alcool de mirabelle
600 g. de mirabelles fraîches
Sel, poivre.

Désosser les râbles de lapin. Concasser les os, les faire revenir dans 3 cl. d'huile, ajouter les carottes et les oignons épluchés, lavés et émincés, mouiller avec le fond de veau (ou à défaut avec de l'eau) et cuire à feu doux pendant 1 heure. Passer au chinois au terme de la cuisson.

Dénoyauter les mirabelles, les blanchir et les cuire dans la préparation précédente.

Couper les râbles en deux sans les détacher et les aplatir à l'aide d'un grand couteau.

Mettre le beurre et le restant d'huile dans une poêle.

Assaisonner et fariner les escalopes puis les mettre à cuire dans la graisse bien chaude (2 à 3 minutes de chaque côté).

Au terme de la cuisson flamber à la mirabelle, retirer la viande et la tenir au chaud.

Déglacer la poêle au vin blanc, laisser réduire, mouiller avec le fond de cuisson des os de lapin, ajouter la crème et laisser réduire à nouveau pour obtenir une sauce nappante. Passer au chinois. Vérifier l'assaisonnement. Dresser les escalopes au centre des assiettes, napper de sauce et garnir avec les mirabelles.

1 - Glisser la lame le long de l'os.   *2 - Le suivre en dégageant le filet.*

Lapin à la bière

✕ ◯◯

Pour 6 personnes

Ingrédients :
*1 lapin
2 cuil. à soupe d'huile
2 beaux oignons
3 gousses d'ail
1 feuille de laurier
20 g. de farine
200 g. de champignons
de Paris
1 bouteille (75 cl.) de
bière
4 carottes
100 g. de crème fraîche.*

Prép. : 10 min. - Cuiss. : 1 h.

Découper le lapin en 6 ou 8 morceaux. Les faire dorer à feu vif avec le beurre et l'huile. Ajouter les oignons coupés, l'ail écrasé et le laurier.

Dès que l'ensemble colore, saupoudrer de farine, ajouter les carottes et les champignons en morceaux puis la bière. Remuer. Laisser mijoter environ 1 heure.

Ajouter la crème quelques minutes avant la fin de la cuisson.

Lapin à la moutarde en papillotes

✕ ◯◯

Pour 6 personnes

Ingrédients :
*1 lapin
100 g. de moutarde
1 petit verre de xérès
Thym
Romarin
Laurier
Sel, poivre.*

Prép. : 20 min. - Cuiss. : 45 min.

Découper le lapin en 6 morceaux. Badigeonner les morceaux légèrement salés de moutarde.

Poser chaque morceau sur un carré de papier aluminium. Ajouter les herbes, un tour de moulin à poivre et une cuillerée à café de xérès.

Fermer les papillotes hermétiquement.

Faire cuire 45 minutes à four moyen (th. 6, 180° C).

Lapin sauté au Pouilly

XX OO

Pour 6 personnes

Prép. : 15 min. - Cuiss. : 1 h. 15 min.

Ingrédients :
2 kg. de lapin paré
50 g. de beurre
5 cl. d'huile
100 g. d'échalotes
1 bouquet garni
2 dl. de Pouilly
1 l. de fond de veau lié
(p. 116)
300 g. de champignons
de Paris
20 g. de persil haché
Sel fin, poivre du
moulin.

Découper le lapin en 8 morceaux. Les faire sauter à l'huile et au beurre après les avoir assaisonnés.

Dégraisser le récipient de cuisson. Ajouter les échalotes ciselées. Laisser suer.

Déglacer au Pouilly, laisser réduire de moitié puis adjoindre le fond de veau lié. Assaisonner de sel fin et poivre du moulin et ajouter un petit bouquet garni.

Laisser cuire pendant 1 heure environ.

Eplucher, laver, escaloper et faire sauter les champignons au beurre.

Décanter le lapin. Passer la sauce au chinois sur les morceaux. Ajouter les champignons sautés et finir de cuire pendant 10 minutes environ.

Dressage :
Sur plat creux, saupoudré de persil haché.

Filet de lapin aux poivrons et aux truffes

Pour 6 personnes

Prép. : 1 h. - Cuiss. : 5 min.

Ingrédients :
6 filets de lapin
90 g. de poivrons vert
90 g. de poivron rouge
45 g. de truffe
600 g. de tomates
fraîches
60 g. d'échalotes
1 gousse d'ail
90 g. de lard gras
3 dl. de sauce Périgueux
60 g. de beurre
5 cl. d'huile
Sel fin, poivre du
moulin
1 bouquet garni.

Monder les poivrons puis les découper en petits bâtonnets de 3 à 4 mm de large et 4 à 5 cm de long. Tailler la truffe et le lard gras de la même manière.

Piquer en biais chaque filet à l'aide d'une aiguille à piquer garnie de bâtonnets de poivron vert pour le côté gauche du filet, de poivron rouge pour le côté droit, de truffe pour le haut et de lard gras pour le bas.

Monder les tomates, les couper en deux, les épépiner et les tailler en dés.

Faire suer les échalotes ciselées au beurre, ajouter les tomates, la gousse d'ail écrasée. Saler, poivrer, cuire jusqu'à évaporation complète de l'eau de végétation.

Faire sauter les filets de lapin à l'huile et au beurre pendant 5 minutes maximum.

Dressage :
Escaloper les filets de lapin de façon à couper chaque bâtonnet rouge, vert, noir, blanc. Dresser les filets en V courbé sur les assiettes. Disposer au centre du V une cuillerée de concassée de tomate.

85

Lapin aux poivres

Pour 6 personnes

Prép. : 15 min. - Cuiss. : 45 min.

Ingrédients :
1 lapin
1 cuil. à soupe de farine
2 cuil. à soupe d'huile
1/4 l. de vin blanc
1/2 l. de fond de veau lié
(p. 116)
1 cuil. à soupe de baies
roses
1 cuil. à soupe de poivre
vert
100 g. de champignons
de Paris
Thym
Laurier.

Découper le lapin en morceaux. Les fariner et les assaisonner. Les faire revenir à feu vif dans une cocotte. Dès qu'ils sont dorés, verser le vin et le cognac.

Remuer puis ajouter le fond de veau, le thym, le laurier, les poivres et les champignons lavés et coupés en quartiers.

Laisser mijoter 45 minutes. Servir dans un plat creux avec la sauce.

Lapin chasseur

✗ ∞

Pour 8 personnes

Prép. : 30 min. - Cuiss. : 1 h.

Ingrédients :
1 lapin de garenne
5 dl. de fond de veau lié
(p. 116)
300 g. de champignons
de Paris
50 g. d'échalotes
100 g. de beurre
5 cl. d'huile
1 dl. de vin blanc
5 cl. de cognac
Cerfeuil
Estragon
Persil
Sel, poivre.

Découper le lapin en huit morceaux. Saler, poivrer.
Eplucher les échalotes et les ciseler finement.
Eplucher, laver et escaloper les champignons.
Mettre à chauffer 50 g. de beurre et 5 cl. d'huile dans une casserole et y faire revenir les morceaux de lapin. Dégraisser, ajouter les échalotes et les champignons. Faire suer, flamber au cognac, déglacer au vin blanc et mouiller avec le fond de veau lié. Laisser cuire 1 heure environ.
Dresser le lapin en plat creux, saupoudrer de cerfeuil et d'estragon hachés finement.

Lapin aux pruneaux

✕ ⬭⬭

Pour 8 personnes

Ingrédients :
1 lapin de garenne
800 g. de pruneaux
50 g. d'échalotes
100 g. de beurre
5 dl. de fond de veau lié
(p. 116)
5 cl. d'huile
50 g. de gelée de groseille
1 dl. de vin blanc
Sel, poivre.

Prép. : 30 min. - Cuiss. : 1 h.

Découper le lapin en huit morceaux. Saler, poivrer.

Chauffer 50 g. de beurre et 5 cl. d'huile dans une casserole, y faire revenir les morceaux de lapin. Dégraisser, ajouter les échalotes, faire suer, déglacer avec le vin blanc, laisser réduire puis mouiller avec le fond de veau lié. Laisser cuire doucement pendant 45 minutes. Ajouter les pruneaux qui ont trempé et terminer la cuisson du lapin 15 minutes plus tard environ.

Retirer les morceaux de lapin et les pruneaux. Lier la sauce avec la gelée de groseille et la monter au mixer. Passer la sauce au chinois.

Dresser les morceaux de lapin au centre des assiettes. Napper avec la sauce. Garnir autour avec les pruneaux.

Ragoût de lapin au curry

✕ ⬭⬭⬭

Pour 8 personnes

Ingrédients :
2 lapins de garenne
100 g. de carottes
200 g. d'oignons
100 g. de beurre
5 cl. d'huile
2 pommes Golden
1 banane
1 dl. de crème
Curry
Sel, poivre
Thym, laurier.

Prép. : 30 min. - Cuiss. : 1 h.

Découper les deux lapins en huit. Mettre de côté les cuisses et les râbles. Mettre le restant dans une casserole avec les carottes et les oignons épluchés, lavés et taillés en mirepoix. Ajouter 3 litres d'eau et laisser cuire pendant 1 heure environ pour obtenir un bon bouillon. Passer le bouillon au chinois.

Faire revenir au beurre et à l'huile les beaux morceaux de lapin dans une casserole. Ajouter les 100 g. d'oignons et les pommes émincés. Faire bien suer, saupoudrer de curry et mouiller avec le bouillon de lapin. Laisser cuire doucement pendant 1 heure environ.

Retirer les morceaux de lapin. Ajouter 1 dl. de crème et une banane écrasée à la sauce. Laisser cuire 10 minutes environ puis monter la sauce au mixer. Rectifier avec un peu de bouillon de lapin si la sauce est trop épaisse (elle doit être nappante).

Dresser le lapin dans un légumier. Napper de sauce et servir aussitôt.

Terrine de lièvre

XXX OOO

Pour 10 personnes

Prép. : 1 h. 30 min. - Repos : 1 h. - Cuiss. : 1 h. 15 min.

Ingrédients :
*1 lièvre de 3 kg. maxi.
300 g. de porc maigre
300 g. de lard gras
75 g. d'oignons
100 g. de carottes
Persil
2 dl. de Bourgogne rouge
2 l. d'eau
1 gousse d'ail
Thym
Laurier
1 clou de girofle
15 g. de sel épicé, poivre
5 baies de genièvre
2 foies de lapin
5 cl de cognac
4 cl. d'huile
30 g. de beurre
50 g. de noix
300 g. de barde fine de
lard
2 dl. de gelée au fumet de
lièvre (p. 117)
1 œuf.*

Dépouiller le lièvre, désosser le râble et les cuisse, réserver les filets. Dénerver les cuisses.

Couper le porc et le lard gras en lanières, parsemer les épices dessus et garder au frais pendant 1 heure avec les cuisses de lièvre.

Concasser les os et les faire colorer au four, ajouter les carottes et les oignons émincés. Laisser cuire pendant 20 minutes environ.

Déglacer au vin rouge, laisser réduire puis mettre le tout dans une marmite. Mouiller avec 2 litres d'eau froide, porter à ébullition et laisser cuire 1 heure en écumant souvent.

Passer au chinois, saler, poivrer et réduire jusqu'à 2 dl.

Passer le porc, le lard et les cuisses deux fois au hachoir fin. Incroporer 1 dl. de fond réduit et 1 œuf. Ajouter les noix hachées grossièrement.

Faire sauter les foies de lapin à l'huile, les couper en dés et les ajouter au hachis.

Faire revenir les filets de lièvre à l'huile puis les mettre à mariner au cognac.

Tapisser un moule à terrine de barde de lard. Remplir avec un peu de farce. Déposer les filets de lièvre enveloppés de barde sur la farce, arroser avec un peu de fond réduit et finir de remplir avec la farce.

Placer une barde sur la farce. Parsemer d'un peu de thym et de laurier pulvérisés. Mettre un couvercle et cuire au four (150°) pendant 1 heure 15 minutes.

Laisser refroidir sous presse et couvrir d'une gelée au madère.

Boudins de lièvre à l'ancienne

Pour 10 personnes

Ingrédients :
400 g. de chair de lièvre
400 g. de lard gras
400 g. d'échine de porc
2 dl. de fond de gibier
réduit (p. 117)
2 œufs
Quatre épices
80 g. de truffes
100 g. de foie de lapin
200 g. de chapelure
blanche
100 g. de farine
5 dl. de sauce poivrade
(p. 112)
Sel fin, poivre du
moulin
5 baies de genièvre.

Prép. : 1 h. - Cuiss. : 10 min.

Couper la chair de lièvre, de porc et le lard gras en lanières. Parsemer dessus les épices, les baies de genièvre écrasées et garder au frais pendant 1 heure.

Passer ensuite ces éléments au hachoir fin puis incorporer 1 dl. de fond de gibier et 1 oeuf. Assaisonner et garder au frais.

Tailler les truffes en dés de 5 mm de côtés.

Faire sauter les foies de lapin à l'huile et les couper de la même grosseur que les truffes. Mélanger les truffes et les foies avec 1 dl. de fond de gibier.

Beurrer des moules à quenelles. Tapisser le fond d'une couche de farce de 6 à 7 mm d'épaisseur. Verser le salpicon de truffes et de foie puis couvrir avec la farce légèrement en dôme.

Faire pocher dans un fond de gibier pendant 10 minutes. Egoutter, passer à l'anglaise (farine, œuf, chapelure) puis colorer au beurre clarifié.

Dressage :
Napper le fond des assiettes de sauce poivrade et garnir avec 2 ou 3 boudins selon grosseur. Poser quelques petites tartelettes d'airelles à la confiture.

Râble de lièvre au marc de Bourgogne

Pour 4 personnes

Ingrédients :
1 râble de lièvre
100 g. de lard gras
1 dl. de marc de Bourgogne
5 cl. d'huile
100 g. de beurre
100 g. d'échalotes
Queue de persil
2 dl. de fumet de gibier (p. 117)
800 g. de pommes golden
Sel fin
Poivre du moulin.

Prép. : 25 min. - Marinade : 24 h. - Cuiss. : 25 min.

Dresser le râble, le larder et le mettre à mariner 24 heures avec le marc de Bourgogne, les échalotes ciselées et les queues de persil.

Faire rôtir le râble à feu vif avec l'huile et 50 g. de beurre pendant 25 minutes. Arroser fréquemment avec la marinade.

Retirer le râble, dégraisser, mouiller avec le fumet de gibier. Assaisonner.

Éplucher les pommes, les couper en morceaux et les cuire sur une plaque au four avec 50 g. de beurre.

Dressage :

Lit de sauce au fond d'un plat ovale. Râble de lièvre au centre, morceaux de pommes autour.

Côtelette de lièvre aux chips de céleri-rave

Pour 6 personnes

Ingrédients :
300 g. de chair de lièvre
300 g. d'échine de porc
300 g. de lard gras
15 g. de sel épicé
5 baies de genièvre
1 gousse d'ail
Thym
Laurier
3 dl. de sauce poivrade (p. 112)
900 g. de céleri-rave
1 dl. de crème
2 œufs
200 g. de chapelure blanche
100 g. de farine
1 l. d'huile pour friteuse
Sel fin, poivre du moulin.

Prép. : 45 min. - Cuiss. : 7 à 8 min.

Couper la chair de lièvre, l'échine de porc ainsi que le lard gras en lanières. Parsemer les épices dessus et garder au frais pendant 1 heure. Passer ensuite le tout au hachoir fin puis incorporer 1 dl. de crème et 1 œuf. Réserver au frais.

Laver et éplucher le céleri-rave. Le couper en quartiers réguliers que l'on taille en tranches fines à l'aide d'un couteau ou d'une mandoline.

Faire chauffer l'huile et plonger dedans les lamelles de céleri lavées et épongées. Cuire comme une pomme chips.

Façonner des petites côtelettes avec la farce. Les passer à l'anglaise (farine, œufs, chapelure) et les cuire au beurre clarifié pendant 7 à 8 minutes.

Civet de lièvre

Pour 8 personnes

Prép. : 1 h. - Marinade : 2 à 3 h. - Cuiss. : 1 h. 30 min.

Ingrédients :
1 lièvre
5 cl. de cognac
5 dl. de bourgogne passetoutgrain
1 dl. d'huile d'olive
250 g. d'oignons
150 g. de lard maigre
50 g. de farine
1 bouquet garni
2 gousses d'ail
200 g. de petits oignons
200 g. de champignons de Paris
300 g. de pain de mie
50 g. de persil
Sel, poivre.

Dépecer le lièvre puis le vider en prenant soin de recueillir le sang que l'on garde au frais avec le foie dont le fiel a été enlevé.

Découper le lièvre en huit morceaux puis le mettre à mariner pendant 2 à 3 heures avec l'huile d'olive, 100 g. d'oignons émincés, 5 cl. de cognac et le vin rouge.

Tailler le lard maigre en petits lardons. Mettre les lardons à blanchir puis les faire revenir dans 30 g. de beurre. Les réserver.

Faire raidir les morceaux de lièvre préalablement épongés, dans la graisse des lardons. Ajouter 150 g. d'oignons émincés, singer avec 50 g. de farine et mouiller avec la marinade. Saler, poivrer, adjoindre un bouquet garni, l'ail et laisser cuire doucement pendant 1 heure 15 minutes.

Tailler les tranches de pain de mie en forme de cœur et les faire sauter au beurre.

Eplucher, laver et glacer les petits oignons à brun.

Eplucher, laver, escaloper et faire sauter les champignons de Paris.

Hacher le persil.

Au terme de la cuisson, décanter le lièvre. Tenir les morceaux au chaud avec les petits oignons, les champignons et les lardons.

Escaloper le foie et le faire sauter au beurre.

Mettre le sang dans une calotte. Verser petit à petit la sauce bien chaude dessus en mélangeant à l'aide d'un fouet. Reverser dans la casserole, chauffer sans faire bouillir. Vérifier l'assaisonnement et passer la sauce au chinois sur les morceaux de lièvre.

Dresser les morceaux de lièvre dans un plat chaud. Disposer la garniture dessus et les croûtons en forme de cœur autour.

✕✕ ⦾⦾⦾

Filets de lièvre au cidre

Pour 4 personnes

Prép. : 40 min. - Cuiss. : 5 min.

Ingrédients :
2 râbles de lièvre
5 cl. de calvados
2 dl. de cidre
5 grosses pommes
Boscoop
2 dl. de fond de gibier
(p. 117)
100 g. de beurre
4 petites crêpes salées
1/2 citron
Sel, poivre du moulin.

Lever les filets de lièvre et les parer. Garder les os et les parures pour faire un fond de gibier.

Tailler deux pommes en ailes de pigeon.

Eplucher les trois autres, les émincer et les compoter avec 50 g. de beurre.

Assaisonner les filets de lièvre et les faire sauter au beurre pendant 5 minutes environ. Flamber au calvados. Réserver les filets au chaud. Déglacer le sautoir au cidre après avoir enlevé la graisse, ajouter le fond de gibier et 4 cuillerées de compote de pommes. Laisser cuire 5 minutes et monter au mixer.

Confectionner 4 bourses avec les crêpes et la compote de pommes restante (p. 100).

Cuire les pommes en ailes de pigeon au four avec un peu de beurre.

Tailler les filets de lièvre en tranches fines.

Napper de sauce le fond de 4 assiettes. Mettre au centre une bourse aux pommes.

Disposer les tranches de filets de lièvre autour et garnir avec les pommes en ailes de pigeon.

✕✕ ⦾⦾⦾

Filets de lièvre à la crème

Pour 4 personnes

Prép. : 30 min. - Cuiss. : 5 min.

Ingrédients :
2 râbles de lièvre
1 dl. de porto
2 dl. de crème
400 g. de champignons
de Paris
2 dl. de fond de gibier
(p. 117)
50 g. de beurre
Sel, poivre.

Lever les filets de lièvre et les parer. Garder les os et les parures pour faire un fond de gibier.

Eplucher, laver et émincer les champignons.

Assaisonner les filets de lièvre et les faire sauter au beurre pendant 5 minutes. Les réserver au chaud.

Mettre les champignons dans la graisse de cuisson des filets et les cuire jusqu'à évaporation complète de leur eau. Déglacer au porto, ajouter la crème et le fond de gibier. Saler, poivrer et laisser réduire pour obtenir une sauce nappante. Vérifier l'assaisonnement.

Tailler les filets en fines tranches.

Dresser les champignons au centre des assiettes. Napper de sauce et dresser les tranches de filets de lièvre autour.

Servir aussitôt.

Petits pains de lièvre à la normande

XX ∞

Pour 4 personnes

Ingrédients :
200 g. de chair de lièvre
200 g. de lard gras
200 g. d'échine de porc
1 cl. de calvados
2 dl. de crème
4 petites crêpes salées
3 grosses pommes Golden
50 g. de beurre
6 dl. de fond de gibier (p. 117) réduit
2 baies de genièvre
1 g. de poivre vert
0,5 g. d'origan séché
1 œuf
6 g. de sel fin
1 g. de sel pour pâtés
2 g. d'épices pour pâtés
0,5 g. de thym
2 gousses d'ail.

Prép. : 45 min. - Cuiss. : 10 à 12 min. - Repos : 2 h.

Couper la chair de lièvre, l'échine de porc et le lard gras en lanières. Les mettre dans un récipient avec les baies de genièvre, le poivre vert, le thym, l'origan et l'ail écrasé. Saler, poivrer et garder au frais pendant 2 heures.

Eplucher les pommes, les émincer et les compoter avec 50 g. de beurre. Réunir dans une casserole la crème, le calvados, 4 dl. de fond de gibier et 4 cuillerées de compote de pommes. Assaisonner et laisser cuire doucement pendant 5 minutes. Monter la sauce au mixer.

Faire 4 bourses avec les crêpes et la compote restante.

Passer au hachoir fin les lanières de lièvre et de porc, deux fois le lard gras et la garniture une fois. Travailler la farce dans un récipient posé sur un lit de glace. Incorporer 1 dl. de fond de gibier réduit et un œuf.

Beurrer 16 petits moules à baba. Les remplir de farce et les cuire au four au bain-marie pendant 10 à 12 minutes.

Mettre les bourses au centre de 4 assiettes. Démouler les pains de lièvre autour et napper de sauce.

Servir aussitôt.

1 - Poser un peu de compote au centre de la crêpe.

2 - La maintenir fermée à l'aide d'un brin de ciboulette ou d'un morceau de vert de poireau blanchi.

✕ ✕ ◯◯

Chartreuse de perdreaux aux oignons confits au vin rouge

Pour 4 personnes

Ingrédients :
2 perdreaux
120 g. de lard gras
120 g. d'échine de porc
2 dl. de crème
20 g. de truffes
5 dl. de vin rouge
50 g. de sucre
450 g. d'oignons
4 feuilles de chou vert
50 g. de beurre
30 g. de carottes
1 l. de fond de veau lié
(p. 116)
5 cl. d'huile
1 bouquet garni
1 gousse d'ail.

Prép. : 45 min. - Cuiss. : 1 h.

Lever les suprêmes et les cuisses des perdreaux. Réserver les ailes et les cuisses.

Concasser les carcasses, les faire revenir à l'huile, ajouter les carottes et 50 g. d'oignons émincés. Laisser suer quelques minutes puis mouiller avec 1 l. de fond de veau. Porter à ébullition et laisser cuire doucement pendant 1 heure après avoir ajouté le bouquet garni et l'ail écrasé. Passer au chinois et faire réduire pour obtenir 2 dl. de sauce. Vérifier l'assaisonnement.

Dénerver les cuisses puis les passer au hachoir fin avec la chair de porc et le lard gras. Travailler ces ingrédients sur un lit de glace et incorporer la crème. Assaisonner.

Faire sauter au beurre pendant 2 à 3 minutes les suprêmes de perdreaux. Saler, poivrer.

Blanchir les feuilles de chou, les poser sur 4 moules à tartelettes de 9 à 10 cm de diamètre, étaler un peu de farce, poser dessus un suprême de perdreau et une lame de truffe. Couvrir avec le restant de la farce. Fermer avec la feuille de chou. Envelopper chaque tartelette dans une feuille de papier aluminium et mettre à cuire au four (150° C) pendant 1 heure.

Eplucher les oignons, les émincer et les faire compoter avec le vin rouge et 50 g. de sucre.

Dressage : napper de sauce le fond des assiettes, déposer les chartreuses coupées en deux et garnir avec les oignons confits.

Perdreaux aux mirabelles

XX ⊙⊙

Pour 4 personnes

Ingrédients :
2 perdreaux
800 g. de mirabelles
fraîches
1 l. de fond de veau
(p. 116)
30 g. de carottes
30 g. d'oignons
200 g. de foies de volaille
80 g. de lard gras
20 g. d'échalotes
3 cl. de cognac
1 demi-feuille de laurier
1 brindille de thym
5 cl. d'huile
1 bouquet garni.

Prép. : 1 h. - Cuiss. : 35 min.

Plumer, flamber, vider les perdreaux par le dos. Laisser les os des cuisses et des ailes.

Faire revenir les carcasses dans 5 cl. d'huile, ajouter les carottes et les oignons émincés. Laisser suer quelques minutes puis mouiller avec le fond de veau. Ajouter le bouquet garni et cuire doucement pendant 1 heure. Passer au chinois et réduire pour obtenir 4 dl. de sauce. Ajouter les mirabelles blanchies.

Supprimer les parties verdâtres des foies. Découper le lard gras en petits morceaux et le faire fondre dans une poêle. Y faire sauter les foies nettoyés et escalopés pendant 30 secondes. Ajouter les échalotes ciselées, le thym et le laurier. Flamber au cognac puis passer l'ensemble au mixer.

Mélanger 100 g. de mirabelles à la farce et en farcir les perdreaux.

Mettre à cuire dans un four chaud pendant 45 minutes avec 50 g. de beurre. Arroser fréquemment.

Dresser les perdreaux, napper de sauce et garnir avec les mirabelles.

Perdreaux aux choux

XX ⊙⊙

Pour 4 personnes

Ingrédients :
1 chou de Milan de 1 kg.
2 perdreaux
200 g. de carottes
200 g. d'oignons
2 clous de girofle
1 bouquet garni
200 g. de saucisse à cuire
100 g. de poitrine salée
Sel, poivre.

Prép. : 45 min. - Cuiss. : 1 h.

Plumer, flamber et vider les perdreaux. Les faire colorer au four pendant 10 minutes.

Couper le chou en quartiers. Supprimer les grosses côtes et le trognon puis le cuire à l'eau bouillante salée. Egoutter le chou à mi-cuisson et ajouter les carottes, les oignons piqués de deux clous de girofle, la poitrine salée blanchie, les saucisses à cuire et les perdreaux. Couvrir et cuire doucement au four pendant 1 heure (retirer le lard et les saucisses au bout de 35 minutes).

Au terme de la cuisson, retirer les perdreaux, les carottes et les oignons. Egoutter et presser le chou.

Dressage sur assiettes : déposer un peu de chou et 1/2 perdreau sur chaque assiette. Décorer de rondelles de carottes, de rectangles de lard et de tranches de saucisse à cuire.

Perdreaux farcis

Pour 4 personnes

Prép. : 35 min. - Cuiss. : 25 min.

Ingrédients :
*2 perdreaux
1 boîte de mousse de foie gras
2 dl. de vin blanc (Meursault)
100 g. de beurre
2 tranches de pain
1 petit verre d'armagnac
50 g. de crème fraîche
Sel, poivre.*

Plumer, flamber et désosser les perdreaux. Assaisonner l'intérieur puis les farcir de mousse de foie. Coudre soigneusement.

Les faire dorer dans 50 g. de beurre. Dès qu'ils sont colorés, les flamber à l'armagnac puis verser le vin. Couvrir et laisser mijoter 25 minutes.

Dorer les tranches de pain dans le beurre restant. Les disposer dans le plat de service. Poser un perdreau sur chaque tranche.

Ajouter la crème dans la sauce. Servir en saucière ou directement dans l'assiette.

1 - Déposer un morceau de mousse de foie sur le perdreau désossé.

2 - Faire un nœud.

3 - Coudre sur toute la longueur.

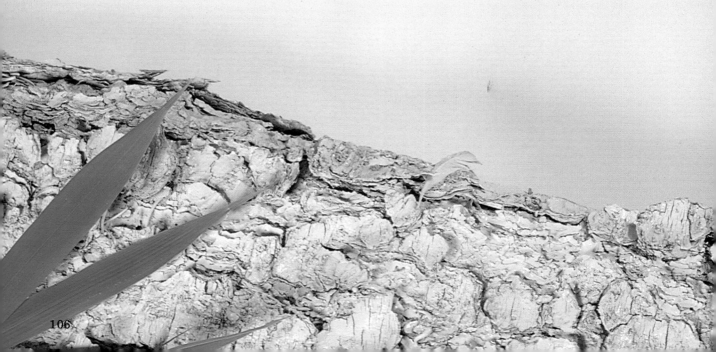

Perdreaux rôtis

Pour 4 personnes

Ingrédients :
2 perdreaux
50 g. de beurre
5 cl. d'huile
1 dl. de vin blanc
Sel, poivre.

Prép. : 20 min. - Cuiss. : 35 min.

Plumer, flamber et vider les perdreaux.

Placer les perdreaux dans une plaque à rôtir. Saler, poivrer et badigeonner chaque oiseau d'un peu de beurre et d'huile.

Cuire au four pendant 35 minutes environ en arrosant souvent.

Réserver les perdreaux au chaud. Dégraisser la plaque de cuisson. Déglacer au vin blanc.

Dresser sur un plat bi-métal. Servir avec des pommes cocottes.

Perdreaux à l'estragon

Pour 4 personnes

Ingrédients :
2 perdreaux
100 g. de carottes
8 échalotes
1/4 l. de vin blanc
2 gousses d'ail
Un bouquet garni
30 g. de beurre
30 g. d'huile
1 cuil. à soupe de farine
Estragon en poudre
Estragon frais
Sel, poivre.

Prép. : 20 min. - Cuiss. : 35 min.

Plumer, vider et flamber les perdreaux. Les découper et les faire dorer dans l'huile et le beurre. Réserver au chaud.

A leur place, faire suer les carottes et les échalotes en rondelles. Saupoudrer de farine, laisser prendre couleur. Mouiller au vin blanc. Ajouter l'ail écrasé, le bouquet garni et 1 cuillerée à café d'estragon en poudre. Assaisonner.

Remettre les perdreaux dans la cocotte. Laisser mijoter 30 minutes à couvert.

Servir dans un plat avec des pâtes.

Hure de sanglier

Pour 20 personnes

Ingrédients :

1 tête de sanglier
Sel fin, poivre du moulin
Muscade
Salpêtre
250 g. d'échalotes
50 g. de persil haché
120 g. de truffes
300 g. d'échine de porc
300 g. de lard gras
2 œufs
1 dl. de crème
Quatre épices
200 g. de carottes
200 g. d'oignons
1 bouteille de Bourgogne aligoté
Thym, laurier
200 g. de couenne de lard
Gros sel, poivre en grains.
Sauce :
1 l. d'huile
4 œufs
Moutarde
Vinaigre
200 g. de gelée de groseille bien prise.

Prép. : 1 h. - Marinade : 24 h. - Cuiss. : 6 h. environ.

Laver le museau et les oreilles, griller les soies puis désosser la tête du sanglier. Assaisonner et aromatiser avec le sel fin, le poivre du moulin, un peu de muscade, du salpêtre, 100 g. d'échalotes ciselées et le persil haché. Laisser macérer pendant 24 heures.

Passer la chair de porc et le lard gras au hachoir fin, ajouter 2 œufs, 1 dl. de crème et quelques glaçons si nécessaire, pour obtenir un hachis un peu coulant. Relever le goût avec sel, poivre du moulin, quatre épices, le reste d'échalotes ciselées et 50 g. de truffes hachées.

Etendre la hure sur la table. La garnir de couches de hachis et de truffes. Reformer et coudre la tête du sanglier puis l'envelopper dans un linge.

Mettre les couennes de lard au fond d'une marmite, ajouter les oignons et les carottes épluchés, lavés et émincés, 1 feuille de laurier, 1 brindille de thym et des queues de persil.

Poser la hure, mouiller avec le vin blanc et couvrir la tête avec de l'eau. Assaisonner de gros sel et de poivre en grains.

Cuire à frémissement pendant 6 heures environ. Vérifier la cuisson à l'aide d'une aiguille à brider : quand elle s'enfonce facilement, la cuisson est à point.

Laisser refroidir la hure dans la cuisson. Retirer le linge et la présenter sur une serviette.

Sauce d'accompagnement :
Mayonnaise parfumée à la gelée de groseille et dés de gelée de groseille.

Terrine de sanglier

XX ⚭

Pour 10 personnes

Prép. : 45 min. - Marinade : 2 h. - Cuiss. : 1 h 15 min.

Ingrédients :
*400 g. de cuissot de
sanglier paré
300 g. de barde de lard
1 filet de sanglier
300 g. d'échine de porc
300 g. de lard gras
8 g. de sel fin
4 g. de sel à pâté
3 g. d'épices pour pâté
5 baies de genièvre
3 g. de poivre vert
1 g. de thym séché
1 g. d'origan séché
10 g. d'ail
2 œufs
5 cl. de cognac
15 g. de pistache
15 g. de truffes
1 zeste d'orange haché
et blanchi
2 dl. de fond de gibier
(p. 117) réduit
2 dl. de gelée au madère
(p. 117).*

Parer le filet de sanglier, le saler, le poivrer et le faire mariner dans le cognac pendant 2 heures.

Couper le cuissot de sanglier, l'échine de porc et le lard gras en lanières. Mettre ces éléments dans un récipient avec les baies de genièvre, le poivre vert, le thym, l'origan et l'ail écrasés. Ajouter le zeste d'orange, saler, poivrer et garder au frais pendant 2 heures.

Faire revenir le filet de sanglier dans le beurre chaud, puis l'enrober dans de la barde fine.

Passer les lanières de sanglier et de porc deux fois au hachoir fin, le lard et la garniture aromatique une fois. Travailler la farce dans un récipient posé sur un lit de glace, incorporer le fond de gibier réduit et les œufs.

Passer au tamis. Incorporer la truffe et la pistache hachées.

Chemiser une terrine de barde, tapisser le fond de farce, déposer au centre le filet de sanglier, recouvrir de farce. Disposer dessus une barde de lard.

Mettre un couvercle et cuire au four (150°) pendant 1 heure 15 minutes environ. Laisser refroidir sous presse et couvrir d'une gelée au madère.

XX ∞

Côtelettes de marcassin Saint-Hubert

Pour 6 personnes

Prép. : 30 min. - Cuiss. : 8 min.

Ingrédients :
1,2 kg. de côtelettes de marcassin
100 g. de chair de marcassin
100 g. d'échine de porc
100 g. de lard gras
1 œuf
1 dl. de crème
90 g. de crépine de porc
100 g. de champignons de Paris
100 g. de beurre
1 baie de genièvre
900 g. de pommes de reinette
3 dl. de sauce poivrade (p. 112)
Sel, poivre
Epices.

Faire sauter les côtelettes d'un seul côté et les laisser refroidir.

Passer la chair de marcassin, de porc et le lard gras au hachoir fin. Mélanger ces ingrédients sur un lit de glace et incorporer l'œuf et la crème.

Assaisonner de sel, de poivre et d'épices. Ajouter 100 g. de champignons hachés, sautés au beurre et 1 baie de genièvre écrasée.

Couvrir le côté revenu de chaque côtelette de farce et les envelopper dans une crépine. Cuire au four pendant 8 minutes environ.

Eplucher les pommes, les couper en rondelles et les compoter avec un peu d'eau. Ne pas sucrer.

Dressage : disposer la compote de pommes au centre des assiettes. Mettre les côtelettes passées dans la sauce autour. Servir la sauce à part.

X ∞

Sauce poivrade

Pour 1 litre

Prép. : 15 min. - Cuiss. : 4 h.

Ingrédients :
1,5 kg. de parures et d'os de gibier
150 g. d'oignons
150 g. de carottes
Thym, laurier, queues de persil
5 cl. d'huile
2,5 dl. de vinaigre
2,5 dl. de vin blanc
3 l. de fumet de gibier (p. 117)
15 grains de poivre
4 baies de genièvre
50 g. de farine.

Faire revenir à l'huile les parures et les os concassés, ajouter la garniture aromatique avec les carottes et les oignons émincés puis cuire dans un four chaud pendant 15 minutes.

Saupoudrer de farine, faire colorer et déglacer avec le vin blanc et le vinaigre. Bien réduire puis mouiller avec le fumet de gibier. Cuire doucement pendant 4 heures. Ajouter 15 grains de poivre écrasés 15 minutes avant la fin de la cuisson.

Passer la sauce au chinois dans un autre récipient en foulant bien à fond.

Passer au chinois étamine et garder au frais.

Jambon de marcassin à l'aigre-doux

XX ∞

Pour 20 personnes

Ingrédients :

*1 jambon de marcassin
de 3 à 4 kg.
200 g. de raisins
de Corinthe
2 ananas frais
200 g. d'airelles
200 g. de confiture
d'airelles
300 g. de carottes
300 g. d'oignons
100 g. de beurre
5 dl. de madère
2 l. de fond de gibier lié
(p. 117)
2 dl. de vinaigre
70 g. de sucre semoule
Sel
Poivre du moulin
40 petites tartelettes
salées.*

Prép. : 1 h. - Repos : 3 à 4 h. - Cuiss. : 2 h. à 2 h. 30 min.

Laisser tremper le jambon dans de l'eau froide pendant 3 à 4 heures. Enlever l'os du quasi. Mettre le jambon avec de l'eau froide dans une grande casserole. Porter à ébullition et cuire doucement en comptant 15 minutes par livre.

Eplucher, laver et tailler en mirepoix les carottes et les oignons. Faire suer la mirepoix au beurre dans une braisière.

30 minutes avant la fin de la cuisson du jambon, le mettre dans la braisière sur la mirepoix. Ajouter 5 dl. de madère. Fermer la braisière et terminer la cuisson à feu doux.

Faire un caramel blond avec 70 g. de sucre semoule et 2 dl. de vinaigre. Verser dessus le fond de braisage dégraissé et passé. Ajouter 2 l. de fond de gibier lié puis laisser réduire pendant 15 minutes pour obtenir une sauce nappante. Ajouter les raisins de Corinthe triés et gonflés à l'eau tiède. Vérifier l'assaisonnement.

Eplucher et tailler les ananas en rondelles. Tailler quarante pièces ovales à l'aide d'un emporte-pièce et les passer dans une anglaise (farine puis œuf puis chapelure) et les faire sauter au beurre.

Chauffer les airelles au bain-marie avec la confiture d'airelles.

Dresser le jambon sur un plat. Garnir avec les tranches d'ananas et les petites tartelettes d'airelles.

Servir la sauce à part.

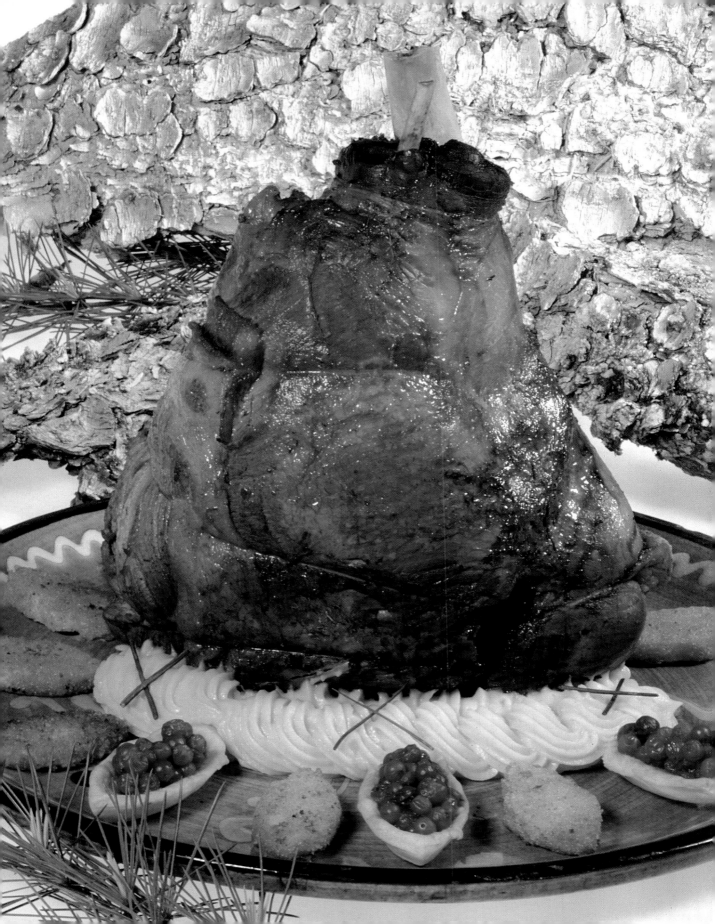

LES PREPARATIONS DE BASE

✗ ○

Fond de veau brun clair

Pour 1 litre

Prép. : 10 min. - Cuiss. : 3 h. 20 min.

Ingrédients :
1 kg. d'os de veau
50 g. de carotte
1 gousse d'ail
30 g. de concentré de tomate
1 bouquet garni
3 l. d'eau.

Concasser les os et les faire colorer au four pendant 15 minutes. Ajouter la carotte et l'oignon émincés. Laisser suer 5 minutes puis débarrasser les os et la garniture dans un fait-tout.

Mouiller avec 3 l. d'eau froide. Ajouter la gousse d'ail écrasée, le concentré de tomate et le bouquet garni.

Cuire doucement pendant 3 heures. Passer au chinois dans un autre récipient au terme de la cuisson.

✗ ○

Fond de veau lié

Pour 1 litre

Prép. : 5 min. - Cuiss. : 1 h. 05 min.

Ingrédients :
1,5 l. de fond de veau brun clair
100 g. de champignons de Paris
5 cl. de madère
Cerfeuil
Estragon
50 g. de farine
50 g. de beurre.

Faire un roux brun avec 50 g. de farine et 50 g. de beurre. Laisser refroidir. Verser sur le roux froid 1,5 l. de fond de veau brun clair. Remuer au fouet puis ajouter les champignons émincés, le cerfeuil et l'estragon.

Cuire doucement pendant 1 heure. Passer au chinois dans un autre récipient au terme de la cuisson.

✗ ○

Fond de volaille

Prép. : 10 min. - Cuiss. : 2 h.

Procéder comme pour le fumet de gibier. Remplacer simplement les os par des carcasses de gibier à plumes et des ailerons de poulet.

Fumet ou fond de gibier

Pour 1 litre

Ingrédients :
100 g. de carottes
100 g. d'oignons
1 clou de girofle
1,5 kg. de parures et os de gibier
2 dl. de vin blanc
3 cl. d'eau
1 bouquet garni
5 baies de genièvre.

Prép. : 10 min. - Cuiss. : 5 à 6 h.

Mettre les parures et les os de gibier dans un fait-tout. Verser 3 l. d'eau froide et porter à petite ébullition. Ecumer. Ajouter les oignons et les carottes émincés ainsi que le restant de la garniture aromatique. Laisser cuire doucement pendant 5 à 6 heures.

Passer le fumet au chinois garni d'une étamine. Refroidir rapidement et garder au frais.

Gelée de gibier

Pour 1 litre

Ingrédients :
1,5 l. de fumet de gibier
150 g. de chair de sanglier
150 g. de chair de bœuf
Cerfeuil
Estragon
30 g. de carottes
30 g. de céleri en branche
15 feuilles de gélatine
1 blanc d'œuf.

Prép. : 15 min. - Cuiss. : 1 h.

Mettre les feuilles de gélatine à tremper à l'eau froide.
Eplucher et laver le céleri et les carottes, les émincer finement.
Hacher la chair de sanglier et de bœuf.
Mélanger tous les éléments de la clarification.
Verser dessus le fumet chaud mais pas trop. Porter à ébullition en remuant sans cesse. Arrêter de remuer dès que l'ébullition commence. Laisser frémir pendant 1 heure.
Passer le fumet dans un chinois garni d'une étamine.
Procéder très délicatement pour ne pas troubler la gelée.
Laisser refroidir et garder au frais.

Pâte à pâtés

Pour 12 personnes

Ingrédients :
500 g. de farine
100 g. de beurre
50 g. de saindoux
10 g. de sel fin
4 jaunes d'œufs
1,5 l. d'eau.

Prép. : 15 min.

Mettre la farine en fontaine.
Disposer au centre le reste des ingrédients.
Incorporer petit à petit la farine et bien pétrir l'ensemble.
Fraiser la pâte avec la paume de la main.
Laisser reposer au frais.

Il est conseillé de préparer la pâte la veille.

Farce à gratin

✕ ○

Pour 1 kg. de farce finie

Ingrédients :
600 g. de foies de volaille
450 g. de lard gras frais
60 g. d'échalotes
1 dl. de cognac
Sel, poivre du moulin.

Prép. : 15 min.

Eplucher et ciseler les échalotes
Détailler le lard gras en dés.
Nettoyer les foies.

Mettre le lard gras à fondre et faire sauter les foies dedans. Ajouter les échalotes, assaisonner, flamber au cognac. Egoutter le tout dans un chinois étamine (attention : les foies doivent être saignants pour obtenir une farce rosée).

Piler les foies dans un mortier puis les passer au tamis ou à la passoire fine dans un récipient.

Bien mélanger à l'aide d'une cuillère pour obtenir une farce lisse.

Réserver au frais en la couvrant d'une feuille de papier aluminium ou d'un film de matière plastique.

Farce fine de volaille

✕ ○

Pour 500 g. de farce

Ingrédients :
250 g. de chair de volaille
2,5 dl. de crème fraîche épaisse
2 blancs d'œufs
Sel, poivre.

Prép. : 20 min.

Passer la chair de volaille au mixer.

Travailler sur glace en incorporant 2 blancs d'œufs puis la crème fraîche épaisse. Assaisonner.

Sauce diable

✕ ○

Pour 1 l. de sauce finie

Ingrédients :
8 dl. de fond de veau lié tomaté
2 dl. de vin blanc
1 dl. de vinaigre
100 g. de poivre en grains
100 g. d'échalotes
100 g. de beurre
20 g. de cerfeuil et d'estragon hachés.

Prép. : 20 min. - Cuisson : 20 min.

Eplucher et ciseler les échalotes
Concasser le poivre en grains.

Réunir dans une casserole les échalotes, le poivre concassé, le vinaigre et le vin blanc. Faire réduire presque à sec.

Mouiller avec le fond de veau lié tomaté et laisser cuire pendant 10 minutes environ.

Passer au chinois puis monter au beurre.

LES MARINADES

Il en existe plusieurs, mais le but reste le même : parfumer, attendrir, conserver.
Nous n'en donneront que deux recettes :

✗ ○

Marinade crue pour venaison

Pour 1 litre

Ingrédients :
50 g. de carotte
50 g. d'oignon
25 g. d'échalotes
15 g. de céleri en branche
1 gousse d'ail
2 queues de persil
1 brindille de thym
1/2 feuille de laurier
3 grains de poivre
1 clou de girofle
7 dl. de vin blanc
2 dl. de vinaigre
1 dl. d'huile.

Prép. : 10 min.

Emincer la carotte, l'oignon, les échalotes et le céleri.
Assaisonner la pièce à mariner. La placer dans un récipient proportionnel à la pièce. Parsemer dessus la garniture et les aromates.
Mouiller avec le vin blanc, le vinaigre et l'huile.
Tenir au frais en prenant soin de retourner fréquemment la pièce.

✗ ○

Marinade cuite pour venaison

Mêmes ingrédients sauf :
8 dl. de vin blanc
1 dl. de vinaigre
1 dl. d'huile.

Prép. : 10 min. - Cuiss. : 30 min.

Faire colorer l'ensemble de la garniture à l'huile. Mouiller avec le vin blanc, l'huile et le vinaigre.
Laisser cuire doucement pendant 30 mn.
Laisser refroidir et verser sur la pièce à mariner.

LEXIQUE

Blanchir :

Opération qui consiste à faire bouillir plus ou moins longtemps, dans de l'eau, des substances alimentaires, puis à les rafraîchir.

- **Départ à froid** : poitrine de porc salée, chou-fleur, pommes de terre, olives, ris de veau, etc...

- **Départ à chaud** : laitue, chou vert, feuille d'estragon, etc...

Ciseler :

Tailler en particules fines et régulières des oignons ou des échalotes.

Tailler en fines lanières de l'oseille ou de la salade.

Déglacer :

Verser du vin blanc ou rouge, du madère ou un autre vin de liqueur, éventuellement de la crème, du consommé ou du fond dans un récipient où l'on a fait rissoler ou cuire une pièce de boucherie, de volaille, de gibier ou du poisson.

Dresser :

Action de disposer correctement les préparations culinaires sur un plat ou sur des assiettes.

Emincer :

Tailler une viande, un légume ou un fruit en tranches fines.

Foncer :

Garnir d'une pâte quelconque les parois et le fond d'un moule.

Julienne :

Filaments de carottes, poireaux, céleri-rave, etc.

Lever :

Découper un membre d'une volaille, un filet de poisson ou prélever des boules à l'aide d'une cuillère spéciale sur des pommes de terre, concombres, avocats, etc.

Mirepoix :

Il existe deux sortes de mirepoix.

- L'une dite grasse : petits dés de carottes, oignons, céleris, jambon cru ou poitrine salée blanchie.

- L'autre dite maigre : petits dés de carottes, oignons, céleris.

Mouiller :

Action d'ajouter un liquide quelconque à un apprêt.

Parures :

Nerfs, peaux, etc., que l'on supprime sur les pièces de boucherie, de gibier.

Passer à l'anglaise :

Passer successivement un aliment dans de la farine, de l'œuf battu et de la chapelure.

Rafraîchir :

Faire couler de l'eau froide sur des aliments cuits à l'eau.

Rectifier :

Donner l'assaisonnement ou la consistance correcte à un mets.

Réduire :

Action de réduire par évaporation le volume d'un liquide ou d'une sauce pour en augmenter la saveur et la consistance.

Réserver :

Garder un aliment au chaud ou au froid pour une utilisation ultérieure.

Tailler :

Découper à l'aide d'un couteau un légume en petits cubes, en fins filaments, etc.

TABLE DES MATIERES

Pages

© S.A.E.P., 1989
Dépôt légal 3ᵉ trim. 1989
n° 1 648

ISBN 2-7372-2233-8

Imprimé en C.E.E.